AMRA

PAUL
WALLIS

FLUCHT AUS EDEN

Lehrt die Bibel, dass
die Menschen von
Außerirdischen
erschaffen wurden?

Vorwort von
Erich von Däniken

Aus dem Englischen von
Thomas Görden

AMRA

Besuchen Sie unseren Shop:
www.AmraVerlag.de

Ihre 80-Minuten-Gratis-CD erwartet Sie.
Unser Geschenk an Sie … einfach anfordern!

Deutscher Erstdruck im AMRA Verlag
Auf der Reitbahn 8, D-63452 Hanau
Hotline: + 49 (0) 61 81 – 18 93 92
Service: Info@AmraVerlag.de

Herausgeber & Lektor	Michael Nagula
Einbandgestaltung	Guter Punkt
Layout & Satz	Birgit Letsch
Druck	CPI books GmbH

ISBN Hörbuch-CD 978-3-95447-632-9
ISBN Hardcover 978-3-95447-587-2
ISBN eBook 978-3-95447-588-9

Inhalt

Ich widme dieses Buch
in Liebe meiner wundervollen Familie,
Ruth, Evie, Ben und Caleb –
und allen, die auf der Suche sind nach
Wahrheit und Bewusstsein.

Vorwort

Einige Jahre meiner Jugendzeit verbrachte ich in einem katholischen Jesuiten-Internat im schweizerischen Fribourg. Jahr für Jahr vor den Sommerferien hielt der Präfekt der Schule eine Abschiedsrede. Dabei ermahnte er uns, jeden Tag so zu leben, dass wir von einer Sekunde auf die andere sterben könnten. Etwa durch einen Unfall. Dann würde unsere Seele sich vom Körper trennen und vor den Thron des allmächtigen Gottes treten.

Ich fragte mich, was Gott dann wohl zu mir sagen würde. Würde er zu mir sagen: »Du bist katholisch erzogen worden, hast dich an die Religion gehalten und sie verteidigt. Tritt ein in mein Reich.« Oder würde er sagen: »Du bist katholisch erzogen worden. Dank deines Verstandes hast du erkennen müssen, dass die Religion teilweise falsch ist und Irrtümer verbreitet. Warum bist du nicht dagegen aufgestanden? Weiche von mir.«

Mir wurde schlagartig klar, dass ich nicht in den Himmel aufgenommen würde. Ich hatte mich nicht gegen die Irrlehren in der Religion gewehrt.

Von jenem Tag an begann ich zu rebellieren.

Das Alte Testament verkündet, Gott habe Adam und Eva geschaffen, die im Paradies lebten. Dort durften sie alles tun, über alles herrschen, nur ein ganz bestimmtes Gebot durften sie nicht brechen. Aber Gott, so dachte ich mir, ist in seiner Allmächtigkeit auch zeitlos.

Ein Gott, der Experimente macht und dann abwarten muss, wie sie ausgehen, konnte nicht »allgegenwärtig« sein. Er wusste doch von vornherein, dass Adam und Eva das Gebot brechen würden. Weshalb geriet er dann in Wut, vertrieb die Ureltern aus dem Paradies und belegte die gesamte Nachkommenschaft mit einer »Erbsünde«?

Gott – so das Alte Testament – hatte das Universum, die Erde, die Pflanzen und alles Leben geschaffen, »und Gott sah, es war gut«. Das sollte man von einem göttlichen Werk auch annehmen. Doch wenig später »reute es den Herrn, dass er die Menschen geschaffen hatte, und es bekümmerte ihn tief«. Ein Gott, der seine Tat bereut? Er beschließt daraufhin sogar, die gesamte Nachkommenschaft von Adam und Eva zu ertränken. Durch die Sintflut. Damit müsste auch die »Erbsünde« getilgt sein. Ist sie aber nicht. Die Nachfahren von Noah vermehren sich und bleiben alle mit dieser »Erbsünde« belastet. Nur ein Sohn Gottes kann die Menschheit davon »erlösen«. So die christliche Lehrmeinung.

Gott schickt also seinen Sohn auf die Erde. Der belehrt die Menschen, wie sie leben und wen sie verehren sollten. Aber die störrische Menschheit versteht diesen Jesus nicht. Sie verhaften ihn, foltern ihn und lassen ihn qualvoll am Kreuz sterben. Das wäre eigentlich der Zeitpunkt, an dem Gott wütend werden müsste. Doch das Gegenteil geschieht. Er vergibt den Menschen ihre »Erbsünde«. Jesus habe sie davon »erlöst«.

Grauenhaft. Das Blut des Unschuldigen für die »Sünden« der Schuldigen. Und dies ist die christliche Heilslehre.

Paul Wallis hat nachgedacht. Über die Logik und die Schilderungen in der Bibel. Und das Ergebnis kann sich sehen lassen. Die Flucht aus Eden, die er uns ermöglicht, geht jeden an. Man verliert den Gottesglauben nicht. Ich selbst gehöre zu denen, die jeden Tag noch beten.

Doch der »Gott« des Alten Testaments ist nicht das, was der Bibelgläubige meint.

Darum geht es in diesem Buch.

Erich von Däniken

Beatenberg/Schweiz

Erich von Däniken, 1935 in der Schweiz geboren, gehört mit einer Weltauflage von rund 70 Millionen Exemplaren seiner Werke zu den international erfolgreichsten Sachbuchautoren. Mehrere seiner über vierzig Bücher wurden verfilmt, und nach seinen Ideen entstanden diverse Fernsehserien und die TV-Doku-Reihe »Ancient Aliens«. 2018 belegte er auf der Watkins-Liste der weltweit spirituell einflussreichsten Menschen den zwölften Platz hinter Papst Franziskus und dem Dalai Lama.

Einleitung

Ein weiteres Blitzlicht.

»Nick Hallatt von der BBC. Können Sie die Reaktion von Papst Franziskus auf Ihr Buch kommentieren und waren Sie überrascht?«

Ich wollte nicht, dass angesichts der blitzenden Kameras und des Ansturms von Fragen meine Brille beschlägt. Ich wollte nicht auf Zeitungsfotos am nächsten Morgen wie ein aufgescheuchtes Kaninchen aussehen.

»Danke, Nick. Nun, ich weiß, dass der Vatikan seit Papst Benedikt und jetzt mit Papst Franziskus seine theologischen Türen für dieses Thema geöffnet hat. Das begrüße ich sehr. Ich denke, das ist eine echte Ermutigung für alle Menschen, die Themen zu erforschen, die in meinem Buch angesprochen werden. Aber ich muss sagen, dass ich zu diesem Zeitpunkt noch keine Gelegenheit hatte, wirklich über die päpstliche Erklärung nachzudenken. Sie wurde erst vor einer halben Stunde veröffentlicht – gerade als ich auf dem Weg zu Ihnen war!«

Blitzlicht.

»Michelle Block, NPR – Mister Wallis, Sie stellen große Behauptungen über Bibelübersetzung, Archäologie und DNA-Forschung

auf. Nach meinen Recherchen sind Sie in keinem dieser Bereiche qualifiziert, warum also sollte ein Leser die Behauptungen in Ihrem Buch ernst nehmen?«

»Vielen Dank, Michelle. Das ist eine ausgezeichnete Frage! Ich denke, die Menschen erwarten von ihren Pastoren und Predigern unter anderem ganz wesentlich, dass wir versuchen, den Sinn der Heiligen Schrift zu verstehen, aus der wir predigen. Dabei geht es zu einem großen Teil darum, die Fragen der Menschen zu beantworten, mit ihnen zu ringen, und zwar ganz offen. So halte ich es seit mehr als dreißig Jahren. Und genau das mache ich auch in diesem Buch.

Nun kommt es dabei recht häufig vor, dass ich auf den Schultern anderer stehen muss. Deshalb beziehe ich mich in meinem Buch auf einige Akademiker und Forscher von Weltrang, Menschen, die ihr ganzes Leben ihrem Fachgebiet gewidmet haben. Viele meiner Fragen haben mich also zu diesen Menschen geführt.

Sie können mein Buch als eine Art Dokumentarfilm betrachten, der den Leser an der Reise eines Geistlichen teilhaben lässt. Ich hoffe, dass dieses kleine Buch ein Einstieg in einige dieser erstaunlichen Forschungsgebiete sein wird – besonders für gläubige Menschen.«

Ein weiterer Blitz. Gerade als ich auf meine Notizen schaute.

»Ted Avery, Fox News – Paul, Sie sagen, das Buch sei für gläubige Menschen, aber wie können Sie sich selbst als Christ bezeichnen, wenn Ihr Buch zweitausend Jahre biblischer Auslegung über den Haufen wirft? Die beiden Theologen, die Sie anführen, wurden als Ketzer verurteilt. Bedeutet das nicht, dass Ihre Position auf Ketzerei beruht? Können Sie einen einzigen führenden christlichen Geistlichen oder Theologen der heutigen Zeit nennen, der bereit ist, eine der lächerlichen Schlussfolgerungen Ihres Buches zu unterstützen – außer Papst Franziskus?«

Ich muss sagen, dass diese Art der Befragung für mich keine völlige Überraschung war. Religiöser Glauben und neue Ideen sind nicht immer eine gute Gesellschaft. Ich musste an meinen Freund Vince denken. Er arbeitete viele Jahre lang als leitender Theologe bei einer heterodoxen christlichen Kirche. Als er nach sorgfältigem Bibelstudium zu dem Schluss kam, dass es in den von dieser Kirche verwendeten Bibeltexten etliche Übersetzungsfehler gab, war er auf sich allein gestellt. Bei einer qualitativ besseren Übersetzung zeigte sich nämlich, dass diese betreffende Kirche keineswegs Recht hatte mit ihrer Behauptung, exklusiven Zugang zum Reich Gottes zu haben.

Als Vince seine älteren Kollegen befragte, sagten sie alle das Gleiche zu ihm:

»Wir wissen das! Wir haben es schon vor Jahren erkannt. Aber sag der Kirchenleitung bloß nicht, was du wirklich denkst. Die haben nämlich das Gefühl, dass ohne diesen Stein in der Wand das ganze Haus zusammenbricht. Also tu's nicht, Vince, sonst schmeißen sie dich raus und du wirst von den Kirchenmitgliedern gemieden. Wir konnten es nicht tun. Alle unsere Freunde und Verwandten gehören dieser Kirche an. Es ist unser Leben.«

Und auch in den großen christlichen Konfessionen geht es nicht viel anders zu als in dieser relativ kleinen Glaubensgemeinschaft, für die Vince tätig war. Vor hundert Jahren wurde ein baptistischer Geistlicher, der mehr als ein Jahrzehnt als Professor für semitische Sprachen gearbeitet hatte, plötzlich entlassen und war arbeitslos – weil er Aufsätze veröffentlicht hatte, die nur halb so weit gingen wie dieses Buch hier.

Ich sage das nicht, um die Kirchen und die christliche Religion zu verurteilen, denn schließlich sind wir alle Gewohnheitstiere. Es ist nicht leicht, unsere Meinung zu ändern. Keiner von uns ist jemals wirklich darauf vorbereitet, in einem Universum aufzuwachen, das anders ist als das, in dem wir eingeschlafen sind. Ich wusste, dass mein Buch für Aufruhr sorgen und mich vielleicht sogar den einen oder anderen Freund kosten würde. Mein Lektor hatte selbst schon solche theologischen Spießrutenläufe hinter sich. Ich war also froh, ihn an meiner Seite zu haben, als die Fragen weitergingen.

Blitzlicht.

»Ähm. Hugh Grant von der Zeitschrift Horse and Hound …«

Angesichts des Themas meines neuen Buches waren diese Reaktionen zu erwarten gewesen. Vielleicht hätte ich ein weiteres sanftes spirituelles Buch schreiben sollen, wie meine früheren Veröffentlichungen über keltische Spiritualität und östlich-orthodoxe Mystik. Das waren schöne Bücher, und niemand kündigte mir wegen ihnen die Freundschaft auf! Andererseits brachte ich es einfach nicht fertig, dieses Buch *nicht* zu veröffentlichen, selbst wenn das bedeutete, mich einem Spießrutenlauf auszusetzen, wie ich ihn mir gerade so lebhaft in meiner Fantasie ausgemalt hatte.

Ich *musste* es veröffentlichen, denn erstens ist es das, was man nun einmal tut, wenn man mit Leib und Seele Autor ist. Autorinnen und Autoren möchten der Welt von ihrer Reise berichten. Und zweitens, weil ich, wie Neo in dem Film *Matrix,* gelernt habe, dass es kein Zurück mehr gibt, wenn man die rote Pille gewählt hat.

Ihr Paul Wallis

1

Verletzungen und Anomalien

Diese Anomalien waren mir auch schon aufgefallen. Ich wusste, dass etwas nicht stimmte, und allmählich wurde mir klar, dass sie das ganze Lehrgebäude meiner Ausbildung ins Wanken bringen konnten. Zum ersten Mal hatte ich das Gefühl, meine gesamte berufliche Zukunft könnte dadurch infrage gestellt sein. Irgendwie war ich aufgrund meines Arbeitstempos immer ein bisschen zu beschäftigt gewesen, um den Unstimmigkeiten viel Aufmerksamkeit zu schenken. Das war jetzt anders.

Das Gute an meinem Ultimate-Frisbee-Match mit der Jugendgruppe war, dass ich zum Siegerteam gehörte – und wir gewannen mit großem Vorsprung. Die Kehrseite sah so aus, dass ich jetzt die nächsten, ich weiß nicht wie vielen Wochen mit einer »tragbaren« Streckschiene für meinen rechten Unterschenkel verbringen musste. Nur ein paar Wochen zuvor hatten meine Frau Ruth und ich in einen Seecontainer aus Holz investiert, der unseren Garten schmücken sollte. Die Idee war, ein *Tiny House* für unsere Gäste einzurichten und es über Airbnb zu vermieten, um ein bisschen Geld dazu zu verdienen. Nun war ich froh, es als Rückzugsort für mich selbst nutzen zu können, der mir helfen sollte, mich von meiner Sportverletzung zu erholen.

Vor dem Vorfall mit dem Ultimate Frisbee hatte ich über das Buch Genesis gepredigt – eines meiner Lieblingsbücher. Nun, da das Universum mir eine Zeit der Ruhe geschenkt hatte, konnte ich es von neuem studieren, ohne den Druck, nur sechs Tage Zeit zu haben, um die nächste Predigt zu verfassen, in der alle Details einen Sinn ergeben und alle losen Enden verbunden sein mussten. Kirchen mögen es im Allgemeinen, wenn ihre Pastoren einen Sinn in den von ihnen gepredigten Schriften sehen, und meine Gemeinde in der *Church on the Range* in Victoria, Australien, war da keine Ausnahme. Wie überall schätzen es die guten Menschen in diesem schönen Teil der Welt, wenn sie herausgefordert und bis zu einem gewissen Grad gefordert werden, aber wie in den meisten Kirchen gibt es einen vertrauten Kanon von Geschichten, von dem unsere Leute erwarten, dass er regelmäßig bestätigt wird. Der vertraute Rhythmus der alten, wohlbekannten Geschichte ist ein Trost. Es ist eine Geschichte, die von einem allmächtigen Gott erzählt, der Licht, Raum, Energie, Materie, Sterne und Planeten erschafft. Aus dem Nichts formt er Land und Meer, Vegetation und Tiere und schließlich Menschen wie dich und mich. Und von da an geht die Handlung weiter. Abgesehen von den Anomalien. Diesen kleinen roten Fähnchen, die darauf hinweisen, dass etwas nicht in Ordnung ist.

Je langsamer meine Zeit verging, desto mehr wurde mir bewusst, dass jeder Vers, der nicht passte, jedes Wort, das keinen Sinn ergab, sich irgendwie immer schwerer vom Tisch wischen ließ. Jedes Mal, wenn ich mich hinsetzte, um das Buch Genesis zu lesen, sprangen mir dieselben irritierenden Verse ins Auge, als wollten sie sagen: *Paul! Stopp! Lies nicht weiter. Du hast die Geschichte falsch verstanden!*

Im Licht der Geschichte wissenschaftlicher Entdeckungen sollten wir solche Anomalien als unsere Freunde betrachten. Sie weisen uns darauf hin, dass unser Meta-Narrativ nicht stimmt. Sie mahnen uns, die Daten erneut zu analysieren, genauer hinzusehen. Wenn man überlastet ist und keine Zeit für sie hat, neigt man dazu, Anomalien in seinen Daten als Ärgernis zu betrachten und sie schnell abzutun oder wegzuerklären. So ist es auch mit der Bibel. Bei genauerem Hinsehen entpuppen sich die vielen anomalen Verse der Heiligen Schrift als überaus rätselhaft. Und wenn man ihnen genügend Aufmerksamkeit schenkt, erkennt man, dass sie die Tore zu einer anderen Welt sind.

Wenn Sie jemals die ersten elf Kapitel des Buches Genesis in der Bibel gelesen haben – die *Anfänge* –, dann haben Sie wahrscheinlich eine Vorstellung davon, was die Anomalien sind, die bewirkten, dass ich bei der Vorbereitung meiner nächsten Predigtreihe ins Stocken geriet.

In diesem Kapitel lade ich Sie ein, mir über die Schulter zu schauen und meine Notizen zu lesen, die ich spontan aufschrieb, als sich diese Portale in der Heiligen Schrift zu öffnen begannen. Aber ich warne Sie, wir werden ins kalte Wasser springen.

Die Anomalien treten schon früh auf. Tatsächlich gerät unsere vertraute Geschichte bereits im ersten Vers der Bibel durcheinander.

Genesis 1,1: Im Anfang schuf Gott …?

Wenn ich diesen Vers in englischen oder auch deutschen Bibelübersetzungen lese, gibt es kein Problem. Wenn ich meine zweisprachige

Bibel aufschlage, den hebräischen Text auf der einen Seite und das Griechisch der Septuaginta auf der anderen, kann ich mir eine ziemlich große Frage nicht verkneifen:

Warum ist das Wort Elohim, *das mit* Gott *übersetzt wird, ein Plural? Warum Mehrzahl, wenn es nur einen Gott gibt?*

Genesis 1,26: Lasst uns Menschen machen?

Moment mal! Wer ist dieses »Uns«? Es ist der Anbeginn der Zeit, vor der Erschaffung intelligenter Geschöpfe. Wer oder was sind also diese anderen, mit denen Gott spricht?

Genesis 1,26: Lasst uns Menschen machen als unser Bild, uns ähnlich?

In den Fußnoten meiner englischen Ausgabe der Neuen Jerusalemer Bibel steht: »Bild ist ein konkreter Begriff, der eine physische Ähnlichkeit impliziert – wie die zwischen Adam und seinem Sohn.« Diese Elohim stehen und handeln also im Plural, schöpferisch und körperlich? Was hat es damit auf sich?

Genesis 2,10-14: Ein Strom entspringt in Eden, der den Garten bewässert; dort teilt er sich und wird zu vier Hauptflüssen. Der Name des ersten ist Pischon; er ist es, der das ganze Land Hawila umfließt, wo es Gold gibt. Das Gold jenes Landes ist gut; dort gibt es Bdelliumharz und Karneolsteine. Der Name des zweiten Stromes ist Gihon; er ist es, der das ganze Land Kusch umfließt. Der Name des dritten Stromes ist Tigris; er ist es, der östlich an Assur vorbeifließt. Der vierte Strom ist der Eufrat.

Wenn den Menschen irgendwo in Eden ein Garten zur Verfügung gestellt wurde, der alle ihre Bedürfnisse befriedigt, warum nennt mir die Bibel dann die geografische Lage der wichtigsten Mineralvorkommen – Havila für Gold, Harz und Karneolsteine – und das Gold ist von guter Qualität. Wer braucht diese Mineralien? Inwiefern ist das relevant?

Genesis 2,17: … doch vom Baum der Erkenntnis von Gut und Böse darfst du nicht essen; denn am Tag, da du davon isst, wirst du sterben.

Was ist schlecht daran, dass die Menschen in die Lage versetzt werden, Gut und Böse zu erkennen? Wenn Gott wollte, dass die Menschen über einen freien Willen verfügen und lieben können, dann ist diese Art von moralischem Bewusstsein sicherlich absolut notwendig. Wenn die Menschen nicht in der Lage sind, zwischen Gut und Böse zu unterscheiden, wie können sie dann das Gute wählen oder schuldig werden, wenn sie das Böse wählen?

Wenn der Mann und die Frau kein moralisches Bewusstsein haben, dann hat Gott sie so erschaffen, dass sie zwangsläufig scheitern müssen. Wie kann er sie für etwas bestrafen, für das sie gar nichts können? Das ergibt keinen Sinn.

Außerdem: Wie kann ein liebender Gott den Tod als gerechte Strafe betrachten? Zudem ist die Strafe bei diesem »Verbrechen« völlig unverhältnismäßig. Irgendetwas stimmt an dieser Darstellung nicht.

Genesis 2,20-21: Der Mensch gab Namen allem Vieh, den Vögeln des Himmels und allen Tieren des Feldes. Aber eine Hilfe, die dem Menschen ebenbürtig war, fand er nicht. Da ließ

Gott, der HERR, einen tiefen Schlaf auf den Menschen fallen, so dass er einschlief, nahm eine seiner Rippen und verschloss ihre Stelle mit Fleisch.

Ist das nicht ein wenig kurzsichtig? Wenn der Allmächtige die Quelle aller Weisheit ist, wie kann dann ein weiblicher Teil der Spezies ein nachträglicher Einfall Gottes sein? Warum wird die Frau erst als Helferin des Mannes eingesetzt, nachdem sich eine Reihe von Haustieren als unzureichend erwiesen haben?

Genesis 3,1: Die Schlange …

Okay, wer ist das? Bei seinem Auftauchen zeigt sich, dass das eindeutig keine Schlange ist. Es ist intelligent. Es hat Arme und Beine und kann sprechen. Es ist ein wichtiger Akteur, aber er taucht ohne jegliche Einführung oder Erklärung auf! Was ist er also? Er ist nicht der Allmächtige und er ist nicht menschlich. Wurde bisher irgendeine andere Art von Wesen erwähnt? Habe ich etwas übersehen?

Habe ich vielleicht den Vers übersprungen, der diese anderen Wesen erklärt?

Ich wäre nicht der erste Mensch, der das Offensichtliche übersieht. Wenn ich darüber nachdenke, sagt Jesus fast jedes Mal, wenn er die hebräischen Schriften zitiert: »Freunde, schaut noch einmal hin! Ich glaube, ihr habt etwas übersehen!«

(Ich hatte tatsächlich etwas übersehen. Doch schon bald sollte ich die Stelle entdecken, verborgen in den allerersten Versen des Buches Genesis.)

Genesis 3,16: Unter Schmerzen sollst du Kinder gebären …

Ist das Kinderkriegen eine Strafe oder eine Konsequenz? Bis zu diesem Moment, als Gott das sagt, sind noch keine Kinder geboren worden. Es gibt also nur diese eine schmerzhafte Form, und sie wird von Gott angeordnet, nachdem die Menschen Bewusstsein, Selbstbewusstsein und Sexualität erlangt haben – auf natürliche Weise!

Genesis 3,22: Dann sprach Gott, der HERR: Siehe, der Mensch ist wie einer von uns geworden, dass er Gut und Böse erkennt.

Moment mal! Einer von wem*? Von welcher Gruppe ist da die Rede? Wie* wer *ist der Mensch geworden? Es handelt sich hier nicht um einen Pluralis Majestatis und auch nicht um einen Autorenplural. Es ist ein echter Plural!*

Genesis 4,14: Rastlos und ruhelos werde ich auf der Erde sein und jeder, der mich findet, wird mich töten.

Entschuldigen Sie mal! Wer sollen denn die anderen Leute sein, diese »Wer-auch-immer« außerhalb des Gartens, die Kain töten werden, wenn sie ihm begegnen? Kinder von Adam und Eva können sie nicht sein. Wer sind sie dann?

Genesis 6-9: Von allen Tieren wurde jeweils ein Paar in die Arche gebracht. Oder?

Offensichtlich nicht! Es ist nämlich so, dass Genesis 1 und 2 zwei Schöpfungsberichte nebeneinanderstellen. Genesis 6 bis 9 sieht danach aus, als hätte man zwei Sintflutberichte genommen und sie miteinander verwoben. In der einen Version treten die Tiere paarweise auf. In der anderen dachte man sich ein komplizierteres System aus.

Ich möchte nur daran erinnern, dass die Genesis aus einer Reihe von Quellen entnommen und zu der bekannten Version verwoben wurde. So erzählen einige Texte Geschichten von den Elohim. Andere sprechen von »Jahwe« – dem heiligen Namen Gottes, der Mose in einem späteren Zeitalter offenbart wurde. Die Gelehrten nennen diesen zweiten Erzähler den »Jahwisten«, abgekürzt J (oder traditioneller: »Mose«).

Ich erinnere mich, an der Universität gelesen zu haben, dass nach Auffassung namhafter Bibelwissenschaftler des achtzehnten Jahrhunderts wie Jean Astruc, Karl Heinrich Graf und Julius Wellhausen die Genesis von Redaktoren – Bearbeitern, die die damalige Variante von »Copy-and-paste« anwandten – in ihre heutige Form gebracht worden sei. Diese Bibelwissenschaftler trafen dabei den Nagel vielleicht nicht ganz auf den Kopf, aber es ist leicht zu erkennen, wie J den Heiligen Namen in die Genesis einfügt.

Manchmal ersetzt J »Elohim« durch »Jahwe« (zum Beispiel in Genesis 11,6-7 und 18,21-19,1). Ein anderes Mal fügt er in einer Elohim-Geschichte einfach den Namen Jahwe zu Elohim hinzu (zum Beispiel in Genesis 3,22).

Ich kann verstehen, warum das geschah. J möchte, dass die Leser der Schöpfungsgeschichte Jahwes Wirken erkennen.

Wie konnte ich das übersehen? Schon allein das Vorhandensein des erst in der Zeit nach Mose entstandenen Namens Jahwe in der Genesis sagt mir, dass wir es hierbei nicht mit der Originalfassung der Genesis zu tun haben können!

J verbirgt nicht, was er tut. Wenn er den Heiligen Namen hinzufügt, zeigt J dem Leser, dass er eine noch ältere Geschichte nimmt (die wahrscheinlich eine bekannte Geschichte war, eine schriftliche oder mündliche Überlieferung), und sie vor aller Augen abändert!

Jetzt muss ich also fragen: »Was ist mit der ursprünglichen Fassung dieser Geschichten? Mit welchen Texten hat J gearbeitet? Wenn es sich nicht um Jahwe-Geschichten handelte und die Elohim eine Pluralform sind, waren die ursprünglichen Versionen der Genesis-Geschichten dann überhaupt Gotteserzählungen?«

Genesis 6,1-4: In jenen Tagen gab es auf der Erde die Nephilim oder »Riesen«, und auch später noch, nachdem sich die Gottessöhne mit den Menschentöchtern eingelassen und diese ihnen Kinder geboren hatten. Das sind die Helden der Vorzeit, die hochberühmten Männer.

Augenblick mal! Wenn die Flut alle Lebewesen auf dem Land vernichtete, wohin brachten sich dann die Nephilim oder Riesen in Sicherheit, so dass sie nach der Flut wieder in Erscheinung treten konnten?

Genesis 6,1-4: Als aber die Menschen sich zu mehren begannen auf Erden und ihnen Töchter geboren wurden, da sahen die Gottessöhne *[benej elohim]*, wie schön die Töchter der Menschen waren, und nahmen sich zu Frauen, welche sie wollten.

Wer waren die benej elohim, *die so oft als »Gottessöhne« übersetzt werden? Und was ist an ihnen anders? Warum werden, wenn sie sich mit Menschenfrauen paaren, Riesen geboren?*

Einige Kommentatoren meinen, mit benej elohim *seien lokale Mächte gemeint, also Könige oder gesellschaftliche Eliten. Wenn*

Grundherren sich die Mädchen mit Gewalt nahmen, war das sicherlich ein schlimmes Problem. Aber dann ergibt es keinen Sinn, dass die Gottessöhne sehen, wie schön die »Töchter der Menschen« sind – als wären für sie junge Menschenfrauen etwas Neues. Auch würden diese Beziehungen keine Riesen hervorbringen. Und wäre das wirklich ein Grund für eine katastrophale, völkermordende Flut? Das passt nicht recht zusammen. Vielleicht steckt mehr hinter diesen prähistorischen »Grundherren«, als es den Anschein hat! Vielleicht waren ja die Herrscher dieser prähistorischen Siedlungsgebiete von ganz anderer Natur? Nun kommen wir in die »Twilight Zone«, denn ich glaube nicht, dass es sich bei diesen benej elohim *um Menschen handelte!*

Ich weiß, dass manche Theologen benej elohim *als Engel interpretieren. Aber schließt der Hebräerbrief im Neuen Testament das nicht aus? Dort heißt es: »Denn zu welchem der Engel hat Gott jemals gesagt: ›Du bist mein Sohn, heute habe ich dich gezeugt?‹ Oder: ›Ich werde sein Vater sein und er wird mein Sohn sein?‹«*

Vielleicht ist benej elohim *ein eher bildlicher Ausdruck. Könnte man diese Wesen als »Söhne Elohims« bezeichnen, so wie wir von »Söhnen und Töchtern der Mayflower« oder »Söhnen und Töchtern der Revolution« sprechen? Mit anderen Worten, vielleicht ist es ja gar nicht wörtlich gemeint. Vielleicht ist es eine Redewendung. So könnte* benej elohim *»die Gottähnlichen« oder »elohim-artig« bedeuten. So wie es »Menschen« innerhalb der »Menschheit« gibt, gibt es vielleicht* Elohim *innerhalb der* benej elohim.

Was auch immer die benej elohim *genau sind, sie sind nicht Gott und sie sind nicht menschlich. Was sie sind, wurde nicht erklärt. Aus irgendeinem seltsamen Grund nimmt J an, dass wir alle über sie Bescheid wissen. Aber woher? Welche anderen Quellen setzt J bei uns als bekannt voraus?*

Genesis 20,13: Als mich Gott (Elohim) aus meines Vaters Hause ins Ungewisse wandern hieß …

Wenn Elohim ein allgemeiner Name für einen Gott oder ein Eigenname für den einen wahren Gott (Jahwe) sein soll, warum wird das Wort dann mit Attributen und Verbformen im Plural versehen? In diesem Text verwendet Abraham Elohim als Plural mit einem Pluralverb.

Ich habe Kommentatoren gelesen, die sagen, dass Abraham wie ein Polytheist klingen will, weil er mit einem Polytheisten spricht. Aha? Und der Redaktor hat das nicht ausgebügelt?

Diese Pluralprobleme finden sich in der Genesis auch an anderer Stelle.

In **Genesis 35,7** *heißt es: »Und er [Jakob] baute dort einen Altar und nannte die Stätte El-Bethel, weil Gott [Elohim] sich ihm daselbst offenbart hatte [Verb im Plural], als er vor seinem Bruder floh.«*

Auch in **Genesis 11,7** *sagt Jahwe: »Wohlauf, lasst uns herniederfahren und dort ihre Sprache verwirren [Pluralverb] …«*

Genesis 22: *Abrahams Beinahe-Opferung seines Sohnes Isaak hat für mich nie einen Sinn ergeben. Warum sollte ein liebender Gott, der Gott, der Abraham eine Familienlinie durch seinen Sohn Isaak versprochen hatte, ihn dann auffordern, das absolut Schlimmste der heidnischen Religion nachzuahmen und seinen erstgeborenen Sohn zu opfern? Ein nicht-göttlicher Elohim im Plural würde viel mehr Sinn ergeben als Js Bearbeitung der Episode. In diesem Abschnitt spielen Elohim und Jahwe tatsächlich in gegnerischen Teams! Es be-*

ginnt damit, dass Elohim Abraham auffordert, seinen erstgeborenen und einzigen Sohn zu opfern …

»Nach diesen Geschichten versuchte Gott (Elohim) Abraham … Und Elohim sprach: Nimm Isaak, deinen einzigen Sohn … und opfere ihn dort zum Brandopfer … Abraham … reckte seine Hand aus und fasste das Messer, dass er seinen Sohn schlachtete.«

Bewiesen nicht auch andere »Götter« auf diese Weise, dass sie von ihren menschlichen Untertanen totalen, unbedingten Gehorsam verlangten? Auf den griechischen Inseln, in Phönizien, im Nahen Osten und in Mesoamerika erwarteten die dortigen Elohim ebenfalls Kinderopfer. Um was für Wesen handelte es sich bei den Elohim, dass sie ihre Untertanen dazu brachten, ein derart unmenschliches Verhalten an den Tag zu legen? Wenn die Elohim das von Abraham verlangten, muss viel auf dem Spiel gestanden haben. Isaak ist der Sohn, von dem das Volk Israel abstammen soll. Deshalb schreitet Jahwe auch ein, um die Tötung zu verhindern:

»Da rief ihn der Engel des HERRN (Jahwe) vom Himmel und sprach: Abraham! Abraham! … Lege deine Hand nicht an den Knaben.«

Wäre diese Geschichte bereits weithin bekannt gewesen, hätte sie für J ein Problem dargestellt: Es gibt darin zu viele Götter! Um sie in einen monotheistischen Text zu verwandeln, setzte J Elohim *mit* Jahwe *gleich, und zwar im letzten Satz der Geschichte. Dort sagt Jahwe:*

»Nun weiß ich, dass du Gott (Elohim) fürchtest und hast deinen einzigen Sohn nicht verschont um meinetwillen.«

Mit diesem netten Zusatz macht J den Text zu einem monotheistischen Text. Aber durch die Gleichsetzung von Jahwe mit jenem unter den Elohim, der den Tötungsbefehl gab, verändert

J die Geschichte von einer gnädigen göttlichen Rettung zu einer grausamen göttlichen Prüfung. Und das macht sie zu einem moralischen Unsinn. Was soll ich von einer Gottheit halten, die absoluten Gehorsam verlangt, bis hin zur Tötung der eigenen Kinder? J hat daraus eine Geschichte gemacht, in der es nur einen »Gott« gibt. Aber damit macht er den »Gott«, den er beschreibt, zu einem Ungeheuer.

All dies lässt mich daran denken, was damals mit F. D. Maurice geschah. Maurice war in den 1850er Jahren Kaplan am King's College in London. Er veröffentlichte dort einige Schriften, in denen er die Moral der traditionellen Kirchendoktrin bezüglich der Hölle in Frage stellte. Sein Argument lautete, dass ewige, bewusste Qualen nicht die korrekte Auslegung der Lehre Jesu sein könnten, weil eine ewige Strafe in einem absurden Missverhältnis zu jedem menschlichen Verbrechen stehe. Eine unendliche Zeit der Folter für ein endliches Verbrechen sei einfach nur grausam und ungerecht.

Maurice wurde entlassen und der Ketzerei beschuldigt. Das erscheint seltsam, denn er hatte eigentlich nichts geäußert, was den offiziellen Glaubensbekenntnissen der Kirche widersprach. Die Universität erklärte, sie sei besorgt, Maurice könnte »die Theologiestudenten verunsichern«, weil er ein moralisches Argument benutze, um eine theologische Position zu stützen. In Wahrheit brachten sie damit zum Ausdruck, dass Maurice gegen drei unausgesprochene Gesetze verstoßen hatte: »Du sollst den Allmächtigen nicht in Frage stellen. Du sollst von deinem Gott nicht erwarten, dass er sich an eine Moral hält, die ein Normalsterblicher verstehen kann. Du sollst kein Mitleid mit Menschen haben, die dein Gott quälen oder töten will.«

Sie sagten damit mehr oder weniger: Wenn Gott die Einhaltung dieser drei Gesetze von Abraham erwarten kann, dann kann er dies sicherlich auch von einem Kaplan des King's College erwarten – und von Ihnen und mir! Aber wenn wir nichts hinterfragen, nichts erwarten und auch kein Mitgefühl haben, dann merken wir es gar nicht, wenn unser Gott zu einem Ungeheuer geworden ist.

Entspricht es Ihrer Einstellung, dass die Menschen niemals Autoritäten in Frage stellen, vor allem nicht diejenigen, die im Namen Gottes sprechen, dann ist die Jahwisten-Version der Beinahe-Opferung Isaaks für Sie genau das Richtige. Aber gab es nicht gerade Expertenkommissionen in Großbritannien und Australien, die uns aufzeigten, welche schrecklichen Gewaltakte aus dieser Art von Theologie resultieren? Wenn man jede moralische Bewertung angeblich göttlicher Handlungen verbieten will, dann reicht Js Darstellung aus. Wenn wir aber ein unverfälschtes Gottesbild suchen, dann wird die aktuelle Version der Genesis zu etwas, um das wir entweder einen großen Bogen machen oder es wegerklären müssen.

Jetzt, nach der Lektüre meiner Notizen, werden Sie verstehen, wie ich mit mir gerungen habe. Alles drehte sich um dieses rätselhafte und anomale Wort – *Elohim.*

Ich ging die Genesis noch einmal Seite für Seite durch und stellte fest, dass jedes Mal, wenn *Elohim* und Jahwe gleichgesetzt werden, eine Art moralische Verzerrung stattfindet und der gläubige Leser gezwungen ist, moralische Standards zu entschuldigen, die deutlich niedriger erscheinen als unsere – keineswegs höher. Ich begann mich zu fragen, ob sich nicht Gottes scheinbare Moralität in Luft auflöst, wenn wir *Elohim* wieder konsequent als Mehrzahl interpretieren, als eine Gruppe von Wesen?

Das war genau die Art von Fragen, denen die Autoren meiner umfangreichen Bibelkommentar-Bibliothek gerne auswichen, indem sie nur kurz darauf eingingen, wenig schlüssige

Erklärungen abgaben und rasch zu einfacheren Themen wechselten. Also beschloss ich, die jüdischen Kommentatoren aus früheren Zeiten zu Rate zu ziehen, um meinen Blick zu erweitern. Ich sagte mir, dass sie im Vergleich zu den christlichen Bibeldeutern über den Vorteil einer um Jahrhunderte oder sogar Jahrtausende größeren Nähe zur Entstehungszeit der Texte des Alten Testaments verfügten – und daher vermutlich ein paar Schlussfolgerungen mehr in petto hatten.

Bald stieß ich auf Jehoschua Ben Levi, der im dritten Jahrhundert nach Christus schrieb und sich mit dem Geheimnis der biblischen Gespräche zwischen den *Elohim* befasste. Er sagte: *»Mit wem beriet sich Gott? Mit den Werken des Himmels beriet er sich.«*

Eine Generation später gelangte Rabbi Ammi dann zu dem Schluss: *»Er hat sich mit seinem eigenen Herzen beraten.«* (*Midrasch Rabba*, Genesis 8,3,1)

Okay, aber das ist keine Erklärung für die Aussagen: *»Lasset uns Menschen machen, ein Bild,* das uns gleich sei.« Oder: *»Siehe, der Mensch ist geworden wie unsereiner.«*

Laut dem aramäischen Kommentar *Targum Jonathan*, der auch als *Targum von Jonathan ben Usiel* bekannt ist, bedeutet das Auftreten einer Mehrzahl von *Elohim*, die das Schöpfungswerk vollbringen, dass Gott in Zusammenarbeit mit einem himmlischen Rat handelt. Dieser Rat besteht aus ihm selbst und einer Reihe von mächtigen Engeln, die Gott am zweiten Schöpfungstag erschaffen haben soll, ohne dass dies in der Genesis erwähnt wurde. Wenn *Elohim* in Genesis 11 sagt: *»Lasst uns herniederfahren«*, ist das nach Ansicht des Kommentators so zu verstehen, dass Gott sich an »die siebzig Engel, die vor ihm stehen«, gewandt haben muss.

Schön und gut, aber ist es nicht eine merkwürdige Auslassung, dass die Erschaffung dieser wichtigen Gruppe von Engeln in der Genesis nicht erwähnt wird?

Der *Targum Jonathan* schien zwar wichtige Fragen offen zu lassen, aber er wies mich auf ein Phänomen in der Bibel hin, das ich eigentlich noch nie richtig wahrgenommen hatte. Ich muss darüber hinweggelesen und es einfach als kreative Ausschmückung und nicht als etwas Reales abgetan haben. Ich meine das himmlische Konzil. Wenn man genau hinsieht, ist das himmlische Konzil recht oft in der Bibel zu finden.

Zum Beispiel an folgenden Stellen:

»Gott [El] steht auf in der Gottesversammlung, inmitten der Götter [Elohim] hält er Gericht.« (Psalm 82,1)

»Denn wer im Gewölk gleicht dem HERRN [Jahwe], ist dem HERRN ähnlich unter den Söhnen der Götter [*benej elohim*]? Gewaltig ist Gott im Rat der Heiligen [*benej elohim*], für alle rings um ihn her ist er groß und furchtbar? HERR [Jahwe], Gott der Heerscharen, wer ist wie du?« (Psalm 89,6-8a)

»Ich sah den HERRN [Jahwe] auf seinem Thron sitzen; das ganze Heer des Himmels stand zu seiner Rechten und seiner Linken. Und der HERR fragte: Wer will Ahab betören, so dass er nach Ramot-Gilead hinaufzieht und dort fällt? Da hatte der eine diesen, der andere jenen Vorschlag. Da trat ein Geist vor und stellte sich vor den HERRN und sprach: ›Ich will ihn betören … Ich werde mich aufmachen und zu einem Lügengeist im Mund all seiner [Ahabs] Propheten werden.‹« (1. Könige 22,19-23)

»Es begab sich aber eines Tages, da die Gottessöhne [*benej elohim*] kamen und vor den HERRN [Jahwe] traten, kam auch der Satan mit ihnen.« (Hiob 1,6)

Das Wort in dieser Hiob-Textstelle, das oft mit *Satan* übersetzt wird, bedeutet »Ankläger«. Allerdings erscheint es hier nicht als Name, sondern als beschreibendes Substantiv mit einem bestimmten Artikel, also »der Ankläger«. Wie dem auch sei – die Anwesenheit eines Anklägers unter den *Elohim,* offenbar als Mitglied des himmlischen Rates, ist etwas, das doch eigentlich stutzig machen müsste! Ich werde später noch einmal darauf zurückkommen.

Als ich all diese Punkte miteinander verknüpft hatte, fragte ich mich kopfschüttelnd, wie es möglich war, dass ich so viel gelesen und dabei doch so viel übersehen hatte! Erst jetzt hatte ich erkannt, dass in der Bibel von einem himmlischen Rat berichtet wird, der sich aus vielen verschiedenen Wesenheiten zusammensetzt. Nicht alle verfolgen gute Absichten, zumindest einige von ihnen sind Geister, und alle gehören sie zu den *Elohim.* Das ist wirklich eine interessante Ratsversammlung!

Nachdem ich eine Zeit lang die verschiedenen Arten studiert hatte, wie das Wort *Elohim* in der Bibel gebraucht wird, fragte ich mich, ob es sich nicht nur um mehrere verschiedene Arten des Gebrauchs handelt, sondern um ein Wort im Wandel.

Damit meine ich, dass Wörter im Laufe der Zeit ihre Bedeutung verändern. Ein klassisches Beispiel aus der Klostergeschichte ist das Wort *Kapitel.* Ursprünglich waren mit *Kapitel* die Klosterregeln gemeint, die einmal wöchentlich bei einer Zusammenkunft der Mönche in einem speziellen Versammlungsraum verlesen wurden. Nach einiger Zeit bezeichnete *Kapitel* dann diesen Versammlungsraum, in dem die Regeln verlesen wurden. Nach einer weiteren Weile bezeichnete *Kapitel* die Gruppe von Menschen, die in dem Raum versammelt waren, um sich die Klosterregeln anzuhören. Später wurde die Bezeichnung Kapitel auch außerhalb der Klöster für lokale, regelmäßig tagende Gremien verwendet, zum Beispiel das *Domkapitel.*

Wenn Sie also heute das Wort *Kapitel* lesen, müssen Sie, um zu wissen, was es bedeutet, anhand des Datums und des Kontextes feststellen, mit welcher Inkarnation dieses Wortes Sie es zu tun haben! Und um zu wissen, warum eine Gruppe von Menschen als *Kapitel* bezeichnet wird, muss man wissen, was das Wort ganz am Anfang bedeutete.

Könnte es sein, dass im Laufe der Jahrhunderte, die sich in den Büchern der Bibel entfalten, das Wort *Elohim* eine ähnliche Reise durchlief?

Vielleicht liegt das Offensichtliche ja auf der Hand. Was wäre also, wenn *Elohim* am Anfang, bevor es ein Eigenname wurde, einfach ein Pluralwort war?

Wenn wir es so lesen, dann können wir, ohne den Text auch nur im Geringsten zu verändern, sagen, dass in Genesis 1 nicht *Elohim* eine himmlische Versammlung *hat,* die ihm unterstellt ist, sondern dass *Elohim* diese Versammlung *ist.*

Wenn wir *Elohim* als schlichten Plural lesen, ist die Verwendung des Wortes für andere Götter überhaupt kein Problem. Dann würden Verse, in denen *Elohim* mit singulären Verbformen gebraucht wird, darauf hindeuten, dass in diesen Fällen *Elohim* als Gruppe oder Kollektiv gemeint ist.

Auf der Suche nach echter Feuerkraft im Bereich der Bibelübersetzung wandte ich mich an Dom Henry Wansbrough. Dom Henry war der leitende Redakteur der Neuen Jerusalemer Bibel – eine der besten Bibelübersetzungen, was den Umgang mit den Namen Gottes angeht. Und mit ihrem hervorragenden wissenschaftlichen Standard und den sehr sorgfältig erstellten Fußnoten hilft sie den Lesern, weiter nachzuforschen.

Dom Henry ist ein liebenswürdiger Mensch und tiefsinniger Denker. Er hat weise beobachtet, dass eine hebräische Pluralform manchmal als abstraktes oder kollektives Substantiv fungieren kann – wie Königtum, Göttlichkeit oder Adel. Das könnte erklären, warum *Elohim* in verschiedenen biblischen Texten sowohl im Singular als auch im Plural vorkommt und mit Attributen versehen ist.

Diese Erklärung dient jedoch nur dazu, erneut zu betonen, dass wir es bei *Elohim* nicht mit einem einfachen Singular zu tun haben. Es wird immer auch eine Mehrzahl impliziert. Ich lehne mich also weit aus dem Fenster und sage: Das Vorhandensein der Pluralform *Elohim* ist ein Hinweis darauf, dass die biblische Schöpfungsgeschichte aus einer Weltanschauung stammt, in der man sich *Elohim* als Plural vorstellte. Wie soll man das Wort folglich übersetzen? In der Etymologie bedeutet der Wortstamm von *Elohim* entweder »Mächte« oder »die Mächtigen«.

Einige Bibelkommentatoren argumentieren, dass *»Mächte«* sich auf die Superlativ-Attribute des Allmächtigen beziehen muss. Aber so wie die Bezeichnung *»die Machthaber«* in uns die Vorstellung hervorruft, es mit einer Gruppe von Personen zu tun zu haben, so können wir auch *Elohim* als Hinweis darauf deuten, dass es sich dabei um eine Gruppe mächtiger Leute handelte – eben »die Mächtigen«. Diese Lesart von *Elohim* als *»die Mächtigen«* stimmt auch besser mit der Art und Weise überein, wie im Hebräischen Pluralformen, die auf *im* enden, in jedem anderen Kontext funktionieren. Nehmen wir zum Beispiel das Wort *Cherub*. Die Verwendung der Pluralform, *Cherubim*, bedeutet, dass hier von mehreren dieser biblischen Engelwesen die Rede ist und nicht von den verschiedenen Superlativ-Qualitäten der Spezies Cherub.

Wenn man den Plural *Elohim* so auffasst, dass hier eine Gruppe von Wesen gemeint ist, ergeben jene Formulierungen, die auf eine Beschreibung im Plural und ein Verhalten im Plural hinweisen, viel mehr Sinn. Ich meine Formulierungen wie: »Lasset uns ...« »... ein Bild, das uns gleich sei ...« »Der Mensch ist geworden wie unsereiner ...« »Lasst uns herniederfahren und dort ihre Sprache verwirren ...«

In solchen Momenten im Alten Testament werden wir eigentlich Zeugen von Besprechungen zwischen »den Mächtigen«.

Ich glaube, es gibt gute Gründe für die Annahme, dass eine frühere Mythologie, in der von einer himmlischen Ratsversammlung – einer Gruppe von *Elohim* – die Rede war, durch J (und seine Kollegen) umgeschrieben wurde, um die *Elohim*-Geschichten mit den Geschichten von Jahwe in Einklang zu bringen. Statt jedoch Harmonie zu erzeugen, säten die Redaktoren Dissonanz und moralische Verwirrung, die bis heute unsere Bibellektüre überschatten.

Man kann durchaus sagen, dass gläubigen Juden und Christen – mich eingeschlossen – nicht selten der Eindruck zu schaffen macht, es könnte sich bei dem Buch Genesis um die abgeänderte Fassung eines anderen Buches handeln. Theologen haben mit allerlei Windungen immer wieder versucht, den offensichtlichen Fragen auszuweichen, die diese *Elohim*-Pluralformen aufwerfen. Als ich mich durch die Kommentare und theologischen Werke arbeitete, die meine Bücherregale zieren, stellte ich fest, dass meine Fragen mit nicht mehr als ein oder zwei dürftigen Sätzen beantwortet wurden, bevor sich die Autoren ängstlich wieder zurück auf sichereres Terrain begaben.

Eines Tages wandte ich mich einem voluminösen Werk mit dem bescheidenen Titel *The Theology of the Old Testa-*

ment (»Die Theologie des Alten Testaments«) zu, das von T & T Clark herausgegeben und von S. D. F. Salmond bearbeitet wurde. Darin schreibt der Theologe A. B. Davidson: *»Im Gegensatz zu den Menschen gehören die Engel zur Klasse der Elohim …* Es könnte interessant sein, über die Frage nachzudenken, wie es dazu kam, dass derselbe Name, *Elohim*, für Gott und diese Klasse von Wesen verwendet wurde.« Einverstanden! Gute Frage! Dann fährt er fort.

»Vielleicht sollten wir uns mit der allgemeinen Erklärung zufriedengeben, dass der Name, der Mächte bedeutet, vom Standpunkt der Menschen aus auf alles angewendet wird, was über dem Menschen steht, also auf den ganzen Bereich des Überirdischen. Obwohl für beide der gleiche Name verwendet wird [für die Engel und für Gott], werden die beiden in der Heiligen Schrift nie verwechselt.«

Vielleicht sollten wir uns mit der allgemeinen Erklärung zufriedengeben? Ich jedenfalls war nicht zufrieden. Die Quadratur des Kreises war nicht gelungen. Sie verwischte die Frage, wie ein alleiniger, allmächtiger Gott in irgendeiner Weise als Teil einer Gruppe von Mächtigen betrachtet und bezeichnet werden konnte. Je öfter ich diese Art von Nicht-Erklärung serviert bekam, desto mehr spürte ich, dass ich weiter fragen musste.

Was würde passieren, wenn wir endlich zugeben, dass mit *Elohim* eine Gruppe von Wesen gemeint ist? Und was passiert, wenn wir die Genesis-Berichte auf diese Weise übersetzen? Natürlich ändert sich die Geschichte. Aber was mir, als ich das ausprobierte, den Mund offenstehen ließ, war die Tatsache, dass die Veränderung, die sich daraus ergibt, alles andere als zufällig erscheint. Es ist, als würde man mit dem Pinsel die sichtbarmachende Flüssigkeit auf Geheimtinte auftragen, denn was in den vertrauten Versen der Bibel zum Vorschein kommt, ist der unverkennbare Faden einer noch älteren Erzählung. Es ist eine Erzählung, die unser Verständnis davon, was die Bibel ist und wer Gott ist, verändert.

Noch dramatischer ist, dass sie unsere Vorstellung davon, wer und was wir Menschen sind und woher wir kommen, völlig über den Haufen wirft. Dass ich mich für die Möglichkeit einer *»Genesis im Plural«* öffnete, war, als hätte ich die Bremse einer Achterbahn gelöst, ohne eine Ahnung zu haben, wohin die Fahrt gehen würde.

2

Die Menschen und die Anderen

Als im Film *Matrix* Neo die rote Pille schluckt, wacht er in einer neuen Welt auf. Alles, was er zu wissen glaubte, entpuppt sich als Illusion, und Neo muss sich nun in einer neuen Realität und einer ganz neuen Welt der Möglichkeiten zurechtfinden. Genau so war es, als ich durch das Portal des *Elohim*-Wortes ging und mich auf den Weg zu den Urquellen der Genesis machte. Als ich dieses neue Gebiet erkundete, veränderte sich mein Bild davon, wer Gott ist, welche Rolle er in der Welt spielt und woher der Mensch kommt.

Dass ich wegen meiner Sportverletzung für längere Zeit als Pfarrer ausfiel, hatte somit auch etwas Gutes, indem es mir die Zeit verschaffte, mich diesen grundlegenden theologischen Fragen zu widmen.

Ich nahm mir also die Zeit, mir alle Namen in der Genesis genauer anzusehen. Auch *Adam* war zunächst ein Begriff, ehe das Wort zum Namen wurde. Es bedeutet *»von der Erde«*, weil dieses Wesen aus Erde geformt wurde. Der Name Adam ist uns so vertraut, dass es uns schwerfällt, uns *Adam* als etwas anderes als einen

Namen vorzustellen. Aber es ist ein Wort. Und im Englischen haben wir zwei sehr naheliegende Entsprechungen dafür.

Das englische Wort für Mensch, *human,* kommt von Humus (was »Erde« oder »Boden« bedeutet.) Und dann ist da noch das Wort *Earthling* (das »Erd-Ding«, Erdling). Das macht die Geschichten von *Adam* zu Geschichten über den *Erdling* oder die *Erdlinge.*

In ähnlicher Weise hatte das Wort *Eva* eine Bedeutung, bevor es als Name bekannt wurde. Es bedeutet »die Lebendige«. Die Geschichten über Eva sind also Geschichten über die Lebendigen.

Als ich die Seiten der Genesis durchblätterte, wurde mir der Sinn dieser Lektüre klar. Solche Klärungen der Wortbedeutung bringen Klarheit und Tiefe in die Theologien des Judentums und des orthodoxen Christentums, zu deren Vermittlung die aktuelle Version der Genesis geschaffen wurde.

Um *Elohim* in ähnlicher Weise zu entstauben, musste ich an den Anfang zurückgehen, noch einmal ganz von vorne beginnen! Das tat ich dann auch, während ich unter dem Grün der Bäume am Ende unserer Einfahrt saß, in dem zum Gartenhaus umfunktionierten Holzcontainer. Während ich las, tauchte eine mir unbekannte Geschichte auf. Obwohl sie für mich neu war, handelte es sich in Wahrheit um eine sehr, sehr alte Geschichte aus einer längst vergangenen Zeit und einem weit entfernten Land. Sie geht so:

Am Anfang ist die Erde in Dunkelheit gehüllt, leer und unfruchtbar und mit Wasser bedeckt. Jetzt sehen wir Geistwesen, die Mächtigen, die über der Erde schweben, im Orbit über der wässrigen Oberfläche. Jetzt sehen wir Licht, das sich in Form von Sonne, Mond und Sternen manifestiert.

Wenn wir das lesen, denken wir an das Universum, wie wir es kennen, und können uns kaum vorstellen, welche Art von Kräften, Technologien oder transdimensionalen Manipulationen nötig wären, um diese Mächtigen in die Lage zu versetzen, Sterne oder Planeten zu formen. Wir sollten jedoch bedenken, dass sich die ursprünglichen Erzähler der Geschichte wahrscheinlich eine mehr oder weniger flache Scheibe vorstellten, die von einer riesigen Kuppel oder einem Gewölbe bedeckt ist, wie die Schneekugel eines Kindes, oder Terry Pratchetts Scheibenwelt, die Stadt Chester's Mill in der TV-Serie *Under the Dome* oder das riesige Studio in *Die Truman Show.* Vielleicht beobachten wir etwas, das sich besser ergründen lässt als die Herstellung von Sternen und Planeten. Könnte es sein, dass die Mächtigen lediglich eine Ursuppe aus Land und Meer terraformen?

Falls die Mächtigen in der Lage sind, ganze Planeten zu erschaffen, muss es sich bei ihnen um Wesen handeln, die im himmlischen Bereich existieren, sich jedoch mit unglaublicher Macht in den physischen Bereich von Zeit und Raum projizieren und dort wirken können.

Wenn wir uns selbst als Wesen betrachten, die sich in den vier Dimensionen von Raum und Zeit bewegen, dann könnten wir die Mächtigen, die von jenseits dessen kommen, was wie der Anfang der Zeit aussieht, vielleicht als multidimensionale oder transdimensionale Wesenheiten beschreiben. Handelt es sich hingegen nur um Terraformer, ist auch das keine leichte Aufgabe. Sie wären immer noch Wesen mit, gelinde gesagt, übermenschlichen Fähigkeiten.

Wie auch immer wir sie uns vorstellen mögen, die Geschichte lädt uns ein, eine Macht zu erkennen, die weit über alles hinausgeht, was uns vertraut ist. Um es untertrieben auszudrücken: Sie sind eindeutig anders als wir! Der Einfachheit halber werde ich mich an die ursprüngliche Bedeutung des Wortes *Elohim* halten und diese Wesen als »die Mächtigen« bezeichnen.

Jetzt teilen die Mächtigen die Gewässer und schaffen Salzwassermeere, Süßwasserflüsse und bewohnbares Land. Pflanzen, Fische, Vögel und andere Tiere bevölkern nun Luft, Land und Meere. In einer Ebene, die Eden genannt wird, schaffen die Mächtigen eine abgeschlossene Zone, in der sie üppiges tierisches und pflanzliches Leben ansiedeln. Im Boden dieser Ebene befinden sich Vorkommen wertvoller Mineralien, darunter hochwertiges Gold. Dieses kostbare Land liegt in der Nähe von Tigris und Euphrat und zwei weiteren großen Flüssen.

Die Mächtigen verwenden die Elemente der Erde und stellen daraus einen Lehm her, aus dem sie die Menschen formen, und zwar so, dass die Menschen wie ihre Schöpfer aussehen. Die Körper liegen still und unbeweglich, bis die Mächtigen ihnen Geist einhauchen.

Nach der Belebung werden die neuen Menschenmänner zur Arbeit in der abgeriegelten Zone eingesetzt. Sie ernähren sich vegan und führen ein Leben in Harmonie mit den Tieren.

Allmählich bemerken die Mächtigen, dass die von ihnen geschaffenen menschlichen Wesen deprimiert sind. Alle anderen Tierarten sind männlich und weiblich. Auch die Menschen brauchen solche Gesellschaft. Also erzeugen die Mächtigen nun aus dem Körper eines der Menschenmänner ein weibliches Exemplar der Spezies. Als Mann und Frau ist die menschliche Gesellschaft nun bereit, ihre Reise zu beginnen.

Eines Tages kommen die Menschen ins Gespräch mit einem Wesen, das als die Schlange bekannt ist.

Das ist faszinierend. Jahrtausende später, als der Autor des neutestamentlichen Buches der Offenbarung erkannte, dass es sich hier um eine erklärungsbedürftige Wendung handelt, setzte er die Schlange mit einigen anderen mythologischen Figuren in Beziehung: »Der große Drache, die alte Schlange [aus den Anfangszeiten], die ›Teufel‹ oder ›Satan‹ [Ankläger] heißt.« Am anderen Ende der biblischen Zeitlinie, in einem der ältesten Teile des Kanons, Hiob 1,6, wird Satan, der Ankläger, als ein Geistwesen bezeichnet, das zu den *benej elohim* gehört. Die Schlange ist ein *Elohim*-Wesen – ein Mitglied des himmlischen Rates. Sie gehört also zu dieser Gruppe der Mächtigen!

Die Schlange zeigt den Menschen, wie sie eine höhere Bewusstseinsebene erreichen können. Die Veränderung wird ihnen mehr Erkenntnis und Selbstbewusstheit bringen und ihre Lebensqualität verbessern. Es überrascht nicht, dass die Menschen das Angebot der Schlange annehmen. Es ist eine Zusammenarbeit, bei der das weibliche Exemplar der Spezies die Führung übernimmt. Dieses Upgrade bringt moralisches Gewissen und Sexualität mit sich. Die Menschen sind sich nun ihrer selbst bewusst und beginnen, Kleidung zu tragen. Die Geschlechterrollen bilden sich heraus, und die ersten Kinder werden geboren. Es ist der Beginn der menschlichen Gesellschaft. Doch den Menschen steht Ungemach bevor, denn unter ihren Schöpfern bricht ein tiefer und lang anhaltender Konflikt aus.

Verschiedene biblische Texte sprechen in dunkler Weise von einem totalen Krieg zwischen den Mächtigen. Das zeigt, dass dieser himmlische Rat nicht ganz so himmlisch ist, wie wir vielleicht erwartet hatten. Offensichtlich handelt es sich nicht bloß um eine reine Versammlung von Avataren oder

Agenten, die den Willen des Allmächtigen ausführen. Die Tatsache, dass der anklagende Geist aus Hiob 1 und der Lügengeist aus 1. Könige 22 in der Aufstellung des Rates auftauchen, zeigt uns, dass alle diese Mächtigen ihren eigenen Willen und ihre eigene Agenda haben. Der himmlische Rat ist alles andere als ein Engelschor. Deshalb würde ich sagen, dass »himmlischer Rat« eine irreführende Beschreibung für dieses faszinierende Gremium ist. Für mich bedeutet »himmlisch« göttlich, lieblich, schön und friedvoll. Folglich werde ich künftig nur von »dem Rat« sprechen.

Wenn sich *Elohim* auf die verschiedenen und manchmal zerstrittenen Mitglieder des Rates bezieht, dann kann eine Übersetzung, in der das Wort für ein Einzelwesen namens *Gott* steht, lediglich ein inkohärentes Bild ergeben. Wenn man *Elohim* im Singular als *Gott* übersetzt, wirft das einige verunsichernde Fragen auf. Wie konnte ein allwissender »Gott« das Bedürfnis der Menschenmänner nach weiblicher Gesellschaft nicht vorhersehen? Wie konnte ein moralisch guter »Gott« etwas dagegen haben, dass die Menschen ein moralisches Bewusstsein entwickeln? Und wenn die Menschen kein moralisches Bewusstsein hätten, wie könnte »Gott« sie dann für eine falsche Entscheidung verantwortlich machen? Warum sollte »Gott« sie mit lebenslanger harter Arbeit, schmerzhafter Geburt und schließlich dem Tod dafür bestrafen, dass sie moralisches Bewusstsein erlangt haben? Wie konnte »Gott« nicht voraussehen, dass die Schlange Ärger machen würde? Warum sollte »Gott« überhaupt auf die Idee kommen, so ein unangenehmes Wesen zu erschaffen? Wie konnte »Gott« offensichtliche Eventualitäten nicht vorhersehen und es überhaupt so weit kommen lassen, dass er schließlich bereute, den Menschen erschaffen zu haben? Die Einzahlübersetzung präsentiert uns einen Gott, der sich oft irrt, der unberechenbar und grausam erscheint. Das ist genau die von mir bereits erwähnte Form von moralischer Verzerrung.

Bei einem *Elohim* im Plural erweist sich das Hin und Her, das Widersprüchliche im Verhalten der *Elohim* nicht als die Launen eines einzelnen wankelmütigen göttlichen Wesens. Vielmehr haben die Mächtigen eben ihre jeweils eigenen Interessen und Ziele. Es geht um einen Streit unter dem Führungspersonal des Rates.

In der Bibel ist in verschiedenen Texten von einem regelrechten Krieg die Rede, der den Rat im Kampf um die Vorherrschaft und den Fortschritt der Menschen spaltet. Diejenigen Ratsmitglieder, die sich auf die Seite der Schlange stellen, sind zahlenmäßig zwei zu eins unterlegen und werden auf die Erde verbannt. Wenn die genannten Konflikte in sich schlüssig zusammenhängen, dann werden dieser Krieg und sein Ausgang in der Genesis-Erzählung selbst treffend symbolisiert:

Zur Strafe dafür, dass sie das Verbot missachtet und den Menschen zu diesem unerlaubten »Upgrade« verholfen hat, wird die Schlange auf die Erde verbannt und soll von nun an den Staub der anderen Mächtigen fressen!

Die männlichen und weiblichen Menschen sind jetzt mit den Folgen ihres neuen Zustands konfrontiert. Zuvor durften sie die abgeschlossene »Paradies-Zone« zusammen mit den Mächtigen bewohnen, von Angesicht zu Angesicht mit ihnen kommunizieren, und für alle ihre Bedürfnisse war gesorgt. Doch nun werden die Menschen aus der Zone vertrieben und müssen künftig in dem wilden, ungezähmten Land Eden selbst für ihr Überleben sorgen. Dort beginnen sie, Kinder zu zeugen. Das Land Eden ist noch unerschlossen, und die Män-

ner müssen nun den Boden kultivieren und schwer arbeiten, um ihre Familien zu versorgen.

Da die Menschen aus der geschützten Zone verbannt wurden, haben sie keinen Zugang mehr zu den Pflanzen, mit denen früher alle Verletzungen und Leiden geheilt werden konnten. Ohne diese Heilmittel werden die Menschen sterblich.

Der erste Tod ist jedoch ein gewaltsamer – ein Verbrechen, begangen von einem Bauern namens Kain. Als die Mächtigen davon erfahren, wird der Mörder aus der Region Eden verbannt, wo die Mächtigen wohnen. Kain denkt über sein Schicksal nach und stellt sich seiner Angst vor den Menschen, die in der Region Nod leben, wo er sich nun niederlässt.

Als sich die menschliche Bevölkerung weiter ausbreitet, treffen die Menschen auf andere Mächtige *(benej elohim)*. Diese Mächtigen entführen Menschenfrauen und zeugen Kinder mit ihnen. Ihre Nachkommen sind die *Riesen*.

Das seltsame Szenario gottähnlicher Wesen, die sich menschliche Frauen nehmen, würde selbst für einen Film des einundzwanzigsten Jahrhunderts bizarr erscheinen – ganz zu schweigen von einer Erzählung, die unsere Herkunft erklären soll. Und doch wird in den Mythologien unzähliger Kulturen auf der ganzen Welt genau das berichtet. Jede hat einen Weg gefunden, dieselbe Erzählung von der Vorgeschichte bis heute zu bewahren. Sie wiederholt sich in der Hindu-Mythologie und in der griechisch-römischen Mythologie. Sie ist Teil der nordischen und keltischen Sagas. In den alten Mythologien Mesopotamiens wird sie sehr detailliert erzählt.

Und in allen Mythologien bringt der Umgang der Mächtigen mit den Menschen Halbgötter und Titanen hervor – »hochberühmte Helden der Vorzeit«.

Einige dieser Mischwesen sind uns aus der griechischen Mythologie bekannt. Zu den griechischen »Sagengestalten« gehören Achilles, Aeneas, Herakles, Perseus, Theseus, Orpheus und Helena von Troja – um nur einige zu nennen. Insgesamt werden in der griechischen Sagenwelt achtundzwanzig Hybridmenschen genannt. Die hinduistische Überlieferung kennt siebzehn. Es gibt ein paar in der nordischen und einen in der keltischen Mythologie.

Als die menschliche Gesellschaft stetig wächst und sich immer schwieriger regieren lässt, kommt die himmlische Ratsversammlung zu dem Schluss, dass die Menschen zu lange leben, und entscheidet, die Lebensspanne der Menschen zu begrenzen. Beunruhigende Nachrichten über die Entführung von Menschenfrauen und die daraus resultierende Hybridisierung erreichen auch den Rat. Das ist nicht das, was sie beabsichtigt hatten. Nach einer Phase intensiver Debatten wird eine endgültige Lösung beschlossen. Die Erde wird durch eine gewaltige Flut von der menschlichen Bedrohung gesäubert.

Aber nicht alle Mächtigen sind damit einverstanden. So kommt es, dass einem Mann namens Noah eine Botschaft überbracht wird. Zusammen mit einer Warnung vor der bevorstehenden Flut erhält Noah die Anweisung, ein Rettungsschiff zu bauen und seine Familie darin unterzubringen, versehen auch mit einem Vorrat an Pflanzen und Tieren, damit Flora und Fauna neu gesät und die menschliche Bevölkerung mit der DNA seiner Großfamilie neu gegründet werden kann. Dann kommt die Sintflut.

Indigene Mythologien aus der ganzen Welt erzählen von einer großen Flut und der Wiederbevölkerung der Erde. Sie findet sich in den Mythen Chinas, Perus, Koreas, Malaysias,

Irlands, des Südiraks, des Nordiraks/der Südosttürkei, Hawaiis, Finnlands, Polynesiens und der Philippinen. Ebenso begegnet sie uns in der mündlichen Überlieferung der indigenen Völker Amerikas und in der Schöpfungsgeschichte der australischen Aborigines.

Dreimal schickt Noah einen Vogel aus, um nach Land zu suchen. Als der dritte nicht zurückkehrt, wissen er und seine Familie, dass das Land wieder aufgetaucht sein muss. Nachdem die Flut abgeklungen ist, läuft das Schiff an einem Berggipfel auf Grund. Nun verlassen die Tiere zusammen mit Noah und seiner Familie die Arche. Die Menschen bringen Tieropfer dar, um den Mächtigen für ihre Warnung und Rettung zu danken.

Nach der Flut sprechen die Mächtigen voll Bedauern über die Gewalt der Flut und geloben, so etwas nie wieder zu tun. Sie bekräftigen einen Standard der Verantwortlichkeit für Mord und Völkermord. Selbst die Tiere müssen nun für jedes Menschenleben, das sie nehmen, Rechenschaft ablegen. Auf Anweisung der Mächtigen nehmen die Menschen Fisch und Fleisch in ihren Speiseplan auf. Die Menschheit wird sich fortan aus dem Genpool von fünf Familien – der Großfamilie Noahs – wieder vermehren.

Die Menschheit breitet sich erneut aus und wandert in Gebiete östlich von Eden ein. Als die Menschen die Schinar-Ebene in Mesopotamien erreichen – die Heimat der Sumerer und Babylonier –, lassen sie sich nieder und bauen etwas Unglaubliches.

Dieses geografische Detail ist bemerkenswert, weil Mesopotamien allgemein als die Wiege der modernen Zivilisation gilt. Hier entwickelten sich eine leistungsfähige Landwirtschaft mit Bewässerungstechnologien, Stadtlandschaften mit Straßen und Sanitäranlagen sowie die Metallverarbeitung, hier wurden Stunden und Minuten erfunden und die Mathematik. Die erste Schrift der Welt entstand. Mit der Schrift kamen Gesetzgebung, Buchführung, Geld, Bankwesen und Literatur. All dies begann in Babylonien – urplötzlich. Danach schossen diese Dinge überall auf dem Planeten aus dem Boden, als wäre die Konzentration von Fachwissen in Mesopotamien von den vier Winden in die ganze Welt geweht worden.

Und dann bauen die Menschen in Babylon einen Turm. Er dient als Portal zwischen den Menschen und den Mächtigen, als Weg, um von der Erde aus den Himmel zu erreichen.

Wenn *El* die Abkürzung für *Elohim* ist, dann bedeutet Babel »Tor zu den [oder für die] Mächtigen«.

Als jedoch Mitglieder des Rates dem Projekt einen Besuch abstatten, sind sie zutiefst beunruhigt und befürchten, dass die Menschen inzwischen zu tüchtig und intelligent geworden sind. Daher wird eine weitere brutale Maßnahme gefordert. Die Mächtigen nutzen ihre große Macht, um den Stadtstaat zu zerstören und die Entwicklung der menschlichen Zivilisation zu stoppen. Sie tun dies, indem sie den Menschen die Sprache nehmen, die sie vereint hat, und ihre Sprachfähigkeit verwirren, so dass die Menschen nicht mehr in der Lage sind, miteinander zu kommunizieren und als eine einzige vereinte Gesellschaft zu funktionieren.

Danach passiert nichts mehr, bis wir in **Genesis 12,1** den großen Patriarchen Abraham in einer Umgebung antreffen, die der unseren ziemlich ähnelt. Er muss sich in einer Welt von Nomadenstämmen, Stadtstaaten und entstehenden größeren Königreichen zurechtfinden. Es ist eine Welt des Handels, der Kriege und

Friedensverträge. Das religiöse und kulturelle Umfeld ist geprägt von Vielfalt, Verhandlungen und Kompromissen. Es ist, mehr oder weniger, die Welt, wie wir sie kennen. Aber die Reise, auf der die Menschheit dorthin gelangte, war bizarr.

Was ich herausgefunden hatte, war in vielerlei Hinsicht herausfordernd, und wie Sie sicher verstehen werden, erweckte es nicht gerade den Eindruck, als würde ich es so bald als Material für meine Predigten nutzen können! Der Paradigmenwechsel war für mich schon erschütternd genug, während ich wochenlang über meinen Interlinearen, Lexika und Kommentaren brütete. Ich konnte von meinen Zuhörern kaum erwarten, dass sie in ein paar zwanzigminütigen Predigten solche Gedankensprünge nachvollzogen.

Selbst wenn die fettgedruckten Absätze in diesem Buch beim ersten Lesen bizarr klingen mögen, werden manche Menschen – vielleicht auch Sie – darin Vertrautes wiedererkennen. Wenn Sie die Mythologien des alten Mesopotamiens kennen, werden Sie schnell merken, dass meine Nacherzählung der Genesis alles andere als eine willkürliche Erfindung ist. Es ist eine Geschichte, die bereits existiert. Sie befindet sich in den ältesten der Menschheit bekannten Schriftdokumenten, unauslöschlich in Keilschrift auf den dunklen Steintafeln der alten Sumerer, Babylonier, Akkader und Assyrer verewigt.

In einer Hinsicht sollte diese literarische Überschneidung allerdings keine große Überraschung sein, denn Abraham und Sara – die Stammväter der jüdisch-christlichen Tradition – wuchsen in Sumer auf. Als Erwachsene verließen sie das Land Ur der Chaldäer. Abrahams und Saras gesamte Erziehung war sumerisch. Daher dürfen wir in der Bibel, die letztlich aus dem Glauben von Abrahams und Saras Familie hervorging, durchaus erwarten, dass wir die Überreste ihrer Herkunftskultur finden. Diese literarischen Überschneidungen sind jedoch weit mehr als nur eine Ergänzung unserer vertrauten biblischen Schöpfungsgeschichte. Sie verändern das ganze Bild.

Der Schöpfungsbericht der Genesis bildet in seiner heutigen Form eine Art Gegenpol zu den sumerischen Erzählungen und ihren babylonischen, akkadischen und assyrischen Ablegern. Das Buch Genesis will uns offenbar sagen: *Vergesst die alten Geschichten, hier könnt ihr nachlesen, was wirklich passiert ist!* Aber sobald wir *Elohim* als Plural oder als kollektives Substantiv übersetzen, vollzieht die Genesis eine unglaubliche Kehrtwende. Statt den sumerischen Bericht zu kritisieren, bestätigt die Plural-Genesis ihn.

Das war eine ziemliche Umstellung für mich. Irgendwie hatte ich mir die Bibel immer so vorgestellt, als spräche sie die Wahrheit – im Gegensatz zur Welt. Aber nun entdeckte ich, dass die Wahrheit noch viel seltsamer ist.

Unglaublicherweise hätte ich von all dem nie etwas erfahren, wenn da nicht ein elfjähriger Junge aus dem Westirak gewesen wäre – ein Junge namens Eylo, den jemand dazu überredet hatte, an einem Seil über einer hundert Meter hohen Klippe zu baumeln.

3

Seltsam! Dieses Gesicht kenne ich doch!

Die Felswand war eine Herausforderung für Kletterer. Als fitter Elfjähriger besaß Eylo die nötige Beweglichkeit und Hände und Füße, die klein und stark genug waren, um an den winzigen Vorsprüngen des Gesteins Halt zu finden. Hundert Meter unter ihm gab ihm das schroffe Geröll des Wüstenbodens einen guten Grund, nicht abzurutschen. Über ihm hielten Soldaten das Seil, das sorgfältig um Eylos Taille gebunden war. Die Soldaten wurden ihrerseits von einem glatzköpfigen Herrn mit einem militärischen Schnurrbart beaufsichtigt – damals ein modisches Muss beim Militär Großbritanniens und der Ostindien-Kompanie. Man schrieb das Jahr 1835, und der Mann mit dem Schnurrbart war der Engländer Henry Rawlinson.

Rawlinsons offizieller Grund für seinen Aufenthalt in diesem Teil des Westiraks war, dem Schah von Persien bei der Ausbildung seiner Truppen zu helfen. Aber an diesem Tag in Behistun Eylo über der Klippe baumeln zu lassen, diente dazu, eine in den

Stein der Klippenwand gehauene Inschrift zu erreichen. Es stand außer Frage, dass die Inschrift diese Mühe wert war.

Bei der Behistun-Inschrift handelte es sich um eine in Keilschrift verfasste königliche Proklamation. Die Keilschrift ist die älteste Schriftform der Welt und entstand vor etwa fünfeinhalb Jahrtausenden. Sie war bis zum ersten Jahrhundert nach Christus in Gebrauch, dann geriet sie in Vergessenheit. Im sechzehnten Jahrhundert wurde sie wiederentdeckt, und zwar auf Zehntausenden von Tontafeln, die an verschiedenen archäologischen Stätten im alten Mesopotamien vergraben waren.

Die Geheimnisse der wiederentdeckten Keilschrifttafeln sollten jedoch fast vier Jahrhunderte lang verborgen bleiben. In verschiedenen kaiserlichen Museen unter Verschluss gehalten, behielten die Tafeln ihre Geheimnisse für sich. Westliche Forscher, die sie analysierten, erkannten in den keilförmigen Markierungen, die mit stumpfen Schilfrohren in die Tontafeln geritzt worden waren, keine Schriftform. Die Gelehrten hielten die Markierungen für rein dekorativ. So blieben die Keilschrifttafeln bis ins neunzehnte Jahrhundert hinein stumm – ein unerkannter Schatz in einem Schließfach, zu dem niemand einen Schlüssel hatte.

Die Behistun-Inschrift war dieser Schlüssel.

Was Eylo sorgfältig für Henry Rawlinson kopierte, während er 1835 an dem Seil baumelte, war eine königliche Proklamation in den drei bekannten Sprachen Persisch, Elamitisch und Akkadisch, alle in Keilschrift geschrieben. Es waren diese drei bereits bekannten Sprachen, die den Übersetzern den Schlüssel lieferten, um die Keilschrift für eine neue, nach ihren Geheimnissen hungernde Welt zu entschlüsseln. Wie der Stein von Rosette für die ägyptischen Hieroglyphen, so war die Behistun-

Inschrift der Codebrecher, der einer neuen Ära Zugang zum Erbe einer lange verschollenen Zivilisation verschaffte. Plötzlich öffnete sich uns ein Fenster in eine vergessene Welt.

An dieser Stelle sollte ich ehrlich sein und Ihnen sagen, dass ich Eylos Namen erfunden habe. Leider vergaß Henry Rawlinson in all der Aufregung jenes Tages, den Namen des Jungen zu notieren, dessen mutiger Einsatz einen so wichtigen Durchbruch für die Erforschung der Menschheitsgeschichte ermöglichte. Eylo ist ein kurdischer Name und bedeutet »tapferer Adler«. Also beschloss ich, den tapferen jungen Abseiler mit diesem Namen zu ehren.

Als mit der Übersetzung der mehr als 200.000 ausgegrabenen Tafeln begonnen wurde, stellten wir fest, dass sie uns den Blick in alle möglichen Aspekte des sumerischen, akkadischen, assyrischen und babylonischen Lebens eröffneten. Die Tafeln enthielten juristische Notizen, Geschäftsvereinbarungen, Bankvereinbarungen, Inventare und Einkaufslisten. Aber was wirklich die Aufmerksamkeit der Menschen weckte, waren die Schöpfungserzählungen. Einerseits wirkten die in Keilschrift aufgezeichneten Berichte über die Anfänge der Menschheit ziemlich eigenartig und bizarr – eindeutig das Produkt einer fremden Gedankenwelt. Andererseits tauchten darin einige verblüffend vertraute Motive auf.

Die Abschriften und Übersetzungen der alten Berichte zu lesen, ist auch heute noch eine verblüffende Erfahrung. Es ist, als würde man über ein vergessenes Fotoalbum von entfernten Verwandten stolpern, von denen man kaum etwas wusste. Zuerst hat man das Gefühl, etwas leicht Komisches zu sehen. Man lacht über die unzeitgemäße Mode und die merkwürdigen Frisuren. Man spioniert im Leben anderer Leute herum und sieht Schnappschüsse von Orten und Ereignissen, die für die ursprünglichen Betrachter von Bedeutung gewesen sein müssen, für einen selbst heute aber völlig irrelevant sind. Dann, aus heiterem Himmel, erscheint ein Gesicht, das man kennt. Und dann ein anderes. Und noch eines. Orte und Ereignisse, die Teil der Geschichte der eigenen Familie sind. Was machen die Mitglieder Ihrer Familie auf den Bildern dieser anderen Familie? Wo ist die Verbindung? In diesem Moment wird einem klar, dass es viele Geschichten über die eigene Familie gibt, die man nicht kennt. Das gibt einem ein komisches Gefühl und man fragt sich, wie viel man wirklich über seine eigene Familie weiß.

Dieses komische Gefühl lösten in mir die steinernen Schnappschüsse der mesopotamischen Tafeln aus. Ich begann mich zu fragen, was ich möglichweise alles nicht über mein eigenes religiöses Erbe wusste.

Es war dasselbe komische Gefühl, das viele fromme Menschen im neunzehnten Jahrhundert beunruhigte, als diese vergessenen Geschichten wieder auftauchten, die alle älter waren als der vertraute Kanon der biblischen Schöpfungsberichte. In den keilschriftlich verewigten sumerischen, babylonischen und assyrischen Erzählungen wiederholen sich einige vertraute Motive. Zu den Schöpfungsgeschichten gehören das sumerische *Gilgamesch-Epos*, die *Eridu-Schöpfungsgeschichte*, die *Erschaffung der Menschheit*, die *Debatte zwischen Schaf und Getreide*, die babylonischen und assyrischen Mythen und die auch *Enuma Elisch* genannten *Sieben Tafeln der Schöpfung*.

Alle sind auf Tafeln aus der Zeit zwischen 3000 und 1100 vor Christus festgehalten. Aber ihre Kolophone, die »Klappentexte« der antiken Autoren, sagen uns, dass selbst diese antiken

Berichte lediglich Nacherzählungen noch viel älterer Berichte sind. Zu Beginn sind sie eine ziemlich schwierige Lektüre, überhaupt nicht mit moderner Prosa zu vergleichen. Ich hatte das Gefühl, die verlassenen Hallen einer mir völlig fremden Kultur zu betreten. Doch je weiter ich las, desto mehr zog es mich hinein in die Galerie mit den bekannten Gesichtern, Orten und Ereignissen. Ich wollte wissen, was die Tafeln über sie zu sagen hatten. Und ich wurde fündig ...

(In der nun folgenden zusammenfassenden Darstellung habe ich die Namen bevorzugt, die in den sumerischen Versionen der Geschichten verwendet werden. Der Grund dafür ist, dass Babylonien und Assyrien später entstanden und es sich bei ihnen um Tochterkulturen der sumerischen Kultur handelt. Obwohl also die ältesten erhaltenen Kopien einiger der nachstehenden Geschichten in babylonischen und assyrischen Keilschriften zu finden sind, wurden ihre Versionen aus der älteren Literatur ihrer Mutterkultur – der sumerischen – entwickelt. Daher sind die sumerischen Namen die älteren, ursprünglichen Namen für diese Figuren.)

Bevor alles erschaffen wurde, war Anu, der Ursprung aller Dinge. Die Erde lag in der Finsternis da. Salzwasser und Süßwasser, beide von Anu hervorgebracht, müssen nun voneinander geschieden werden. Diese beiden Wasserkörper entsprechen zwei mächtigen Wesenheiten, Abzu *(männlich)* und Tiamat *(weiblich)*. Abzu und Tiamat bringen andere mächtige Wesen hervor, die bei der Erschaffung der Welt mitwirken, angefangen beim Licht.

Es kommt die Zeit, in der die mächtigen Wesen untereinander um Macht und Vorherrschaft kämpfen. Die Ordnung des Rates muss hergestellt werden, und ein Ratsvorsitzender muss

bestimmt werden. Dieses mächtige Amt wird Enlil übertragen. ***(Enlil bedeutet »Herr der Lüfte«.)***

Das sumerische Wort für *Gott* oder *Götter* ist eine Glyphe, die den Himmel bezeichnet. Um den ursprünglichen Assoziationen so nahe wie möglich zu kommen, werde ich dieses Schriftzeichen als *Himmelswesen* bezeichnen.

Am Anfang ist die Erde leer und unfruchtbar, aber die Himmelswesen schaffen eine geschlossene Zone in einer Region namens Eden und siedeln dort üppiges tierisches und pflanzliches Leben an. Die von den Himmelswesen ausgewählte Region liegt dort, wo es Süßwasser gibt, unter anderem in Form der Flüsse Tigris und Euphrat.

Enlil berät sich nun mit seinem Bruder und Stellvertreter Enki. ***(Enki bedeutet »Herr der Erde«.)*** **Gemeinsam beschließen sie, Menschen zu erschaffen. Enki wird mit der Leitung dieses Schöpfungsexperiments beauftragt.**

Bei der Verwirklichung seiner Pläne arbeitet Enki mit Namma, der Urmutter, zusammen – der ursprünglichen »Mama«.

Zu den Himmelswesen, die in mehreren Kriegen von Enki besiegt wurden, gehört Kingu. Seine DNA, enthalten in seinem Blut, wird nun auf Ton übertragen, um daraus die Menschen zu zeugen. In der Kinderstube arbeitet Enki mit Ninhursag zusammen – der allerersten »Amme«. Sie wird die neuen Menschen hegen und pflegen.

Die ersten Menschenmänner leben in der Wildnis, ernähren sich vegan und führen ein Leben in Harmonie mit den Tieren.

Die Himmelswesen beschließen nun, die Menschen zu verändern und die Menschheit auf eine neue Stufe zu heben. Ein weibliches Himmelswesen unterweist den wilden Mann

in der Kunst des Brotbackens und Bierbrauens und siedelt die Menschen in dem von den Himmelswesen kultivierten Gebiet an, wo ihnen beigebracht wird, »zivilisiert« zu leben und Getreide anzubauen.

Dann bekommt die Menschheit ein »Upgrade«: Die Himmelswesen ergänzen die Spezies um eine weibliche Variante. Diese Verbesserung der menschlichen Gesellschaft bringt ein neues Selbstbewusstsein, eine neue Sexualität und eine höhere Bewusstseinsebene mit sich. Die Menschen beginnen, Kleidung zu tragen.

Diese Details, die aus verschiedenen Geschichten auf den Keilschrifttafeln stammen, sprangen mir ins Auge und ließen bei mir einige Glocken läuten. Mir war zum Beispiel immer schon aufgefallen, dass der Autor der Genesis von uns erwartet, Freude und Mitgefühl zu empfinden, wenn wir von Adams ursprünglichem Zustand der Unschuld lesen, als er nackt und inmitten der Natur in Harmonie mit den Tieren lebte. Dieses Einfühlungsvermögen spiegelt sich in so vielen Fabeln der Welt wider, in denen die Menschen in mythologischen Zeiten im Einklang mit der Natur lebten, in einer Welt, in der wir und die Tiere miteinander sprechen konnten. Ich sehe diese tiefe Empfindung auch in der Freude, die unsere Kinder daran haben, ihr Leben mit Spielzeugtieren und Haustieren zu teilen. Könnte dieses tiefe Gefühl Überbleibsel einer uralten Erinnerung sein?

Zu den wesentlichen Elementen der Kultur der australischen Aborigines gehört es, dass die männlichen Jugendlichen einen sogenannten *Walkabout* unternehmen: Als Teil ihrer Initiation ins Erwachsenenalter wandern sie durch die Wildnis. Dieses Ritual ist für sie ein wichtiges Instrument, um ihr Leben in Harmonie zu bringen und neu zu zentrieren. Es ist ein Ritual, mit dem die jungen Männer dem Drang nachkommen, in den Busch zu gehen, um allein im Einklang mit der Natur zu leben. Könnte diese gefühlsbetonte kulturelle Praxis auch Ausdruck eines tiefen Gefühls der Erinnerung sein?

Und dann ist da noch die überaus populäre *Tarzan*-Buchreihe des amerikanischen Schriftstellers Edgar Rice Burroughs (1875-1950), die damit beginnt, dass die zivilisierte Jane einen unschuldigen Mann findet, der wild und nackt im afrikanischen Dschungel lebt, in perfekter Harmonie mit den Tieren. Sie erweckt seine Sexualität, bringt Tarzan das Sprechen bei, zivilisiert den wilden Mann und bringt ihn in die Stadt.

Der britische Schriftsteller Rudyard Kipling (1865-1936) erzählt im *Dschungelbuch* die Geschichte von Mogli, der unschuldig und nackt in Harmonie mit den Tieren im indischen Dschungel lebt. Auch er wird von einem schönen Mädchen aufgeweckt und zivilisiert, das ihn in ein Dorf bringt, wo er lernen kann, ein Mensch zu sein.

Soll die Wiederholung und der Widerhall dieser Geschichten bloßer Zufall sein? Sie handeln alle von den gleichen Themen, nämlich der Erweckung, Erziehung und Zivilisierung des wilden Mannes und seiner Eingliederung in das Dorf oder die Stadt.

Als ich weiterlas, wurde mir klar, dass in der Keilschrift hinter der gezielt betriebenen Weiterentwicklung der Menschen und ihrer Verbringung in das abgeriegelte Gebiet ein weniger altruistisches Motiv stand.

In der Stadt erfahren die Menschen, dass sie erschaffen wurden, um die Himmelswesen von niederen Arbeiten zu entlasten, Landwirtschaft zu betreiben und so die Himmelswesen mit Nahrung zu versorgen. Den Menschen wird beigebracht,

Feldfrüchte zu ernten und sie dem Himmelsvolk als Opfergaben darzubringen. Für eine Weile funktioniert dieses Muster gut. Die Himmelswesen haben nun Zeit, sich anderen, spezielleren Aufgaben zu widmen.

Enlil teilt das Himmelsvolk in zwei Gruppen ein. Dreihundert werden beauftragt, sich um die irdische Zone zu kümmern, die als Abzu bekannt ist. Weitere dreihundert werden zu Beobachtern, die von nun an die Erde vom Himmel aus beobachten und beschützen. Dafür hat Enlil für sie Stationen im Himmel gebaut. Eine dieser Stationen draußen zwischen den Sternen dient ihnen als Hauptquartier und trägt den Namen Nbiru.

Die Menschen, die jetzt männlich und weiblich sind, pflanzen sich fort. Während sie sich immer weiter vermehren und große Familienclans entstehen, wird die Menschenbevölkerung zusehends lärmender und schwieriger regierbar.

Der himmlische Rat gelangt zu dem Schluss, dass die Menschen zu lange leben, und beschließt, ihre Lebenszeit zu begrenzen.

Dem Rat sind beunruhigende Berichte zu Ohren gekommen. Menschenfrauen sind von Wesen entführt worden, die halb Mensch und halb Himmelswesen sind. Diese neue Stufe der Hybridisierung sorgt im Rat für heftige Meinungsverschiedenheiten. Enlil besteht auf einer endgültigen Lösung: Er will, dass die gesamte Menschheit durch eine gewaltige Flut ausgelöscht wird.

Aber nicht alle Himmelswesen sind damit einverstanden. Enki, Enlils Erster Stellvertreter, hat die Entwicklung der Menschen beaufsichtigt und weigert sich, das Experiment aufzugeben. Also macht Enki sich heimlich auf den Weg, um einen Menschen, mit dem ihn ein besonderes Vertrauensverhältnis verbindet, vor der bevorstehenden Flut zu warnen. Der Name des Mannes ist Ziusudra, König von Suruppak.

Ziusudra ist sein sumerischer Name. In der babylonischen Version heißt er Utnapischtim, in der akkadischen Atrahasis.

Ziusudra erhält von Enki genaue Anweisungen für den Bau eines Rettungsschiffs, einer Arche. Er soll seine Familie darin unterbringen, zusammen mit einem Vorrat an Pflanzen und Tieren, um die verschiedenen Arten wieder auszusäen und der menschlichen Spezies mit der DNA seiner Großfamilie einen Neuanfang zu ermöglichen. Dann kommt die Sintflut.

Dreimal lässt Ziusudra einen Vogel hinausfliegen, um festzustellen, ob er Land findet. Als der dritte Vogel nicht zurückkehrt, wissen Ziusudra und seine Familie, dass das Land wieder aufgetaucht sein muss. Nachdem die Flut zurückgegangen ist, strandet das Schiff auf einem Berg. Auf dem Trockenen angekommen, gehen die Tiere zusammen mit Ziusudra und seiner Familie auf das Land hinaus. Die Menschen bringen Tieropfer dar, um Enki für die Warnung und ihre Rettung zu danken.

Nach der Flutkatastrophe befasst sich der Rat der Himmelswesen mit der bedauerlichen Gewalt der Flut. Der Rat verurteilt das wahllose Töten und bekräftigt die persönliche Verantwortlichkeit für Fehlverhalten. Einige Himmelswesen sind der Meinung, dass es besser gewesen wäre, wenn Tiere die überzähligen Menschen gefressen hätten, als das Grauen der Sintflut über die Welt zu bringen.

(In einer viel späteren Version der Geschichte, die der babylonische Priester Berossos auf Griechisch aufzeichnete, weist eine Stimme Ziusudra an, nach Osten zu ziehen und in Babylonien eine Stadt zu gründen).

In Babylon errichten die Himmelswesen ein unglaubliches Bauwerk. Es wird eine große Eröffnungsfeier abgehalten und ein Rat der Fünfzig eingesetzt, der den Betrieb regeln soll. Vom Inneren des neuen Bauwerks aus schicken sieben technische Experten die dreihundert Beobachter zu ihren Stationen in den Himmel.

Dies ist ein besonders faszinierendes Detail, denn in der parallelen biblischen Erzählung bedeutet der Name des Bauwerks, *Babel*, übersetzt »Tor für die *Elohim*« – wenn *el* die Abkürzung für *Elohim* ist. In Genesis 11 heißt es, dass der Turm zu Babel gebaut wurde, um den Himmel zu erreichen. Hier ergänzen und verfeinern sich also die Keilschrift und die biblischen Berichte gegenseitig. Heute würden wir die Stationen am Himmel als *»Raumstationen«* und das Sendegebäude als ein »Sternentor« bezeichnen.

Zugegebenermaßen sind die von mir hervorgehobenen Berührungspunkte nur ein einzelner Handlungsstrang innerhalb der sumerischen Geschichte. Man kann zurecht sagen, dass diese Himmelswesen, so überliefern es die Keilschrifttafeln, eine Menge Aktivitäten entfalten, die in der biblischen Genesis kaum oder gar nicht erwähnt werden. Andererseits lässt sich ein großer Teil der zusätzlichen Aktivitäten der Himmelswesen mit Hilfe einer Reihe von biblischen Texten sehr präzise zusammenfassen.

Textpassagen wie *Jesaja 27,1, Jesaja 5,9-10, Psalmen 74,12-14, Psalmen 89,9-12, Hiob 9,13-14, Hiob 26,12-13, Hesekiel 28, Lukas 10* und *Offenbarung 12,7-17* beziehen sich alle auf Schlachten, in denen Gott gegen verschiedene mythische

Wesen antritt: Leviathan, Rahab, Behemoth und den Drachen. Einige Autoren vermuten, dass es sich dabei um symbolische Verweise auf die Feinde Israels handelt, also auf Ägypten, Babylonien, Assyrien, und sogar auf das Rote Meer. Oder aber, so vermutete der deutsche Theologe Hermann Gunkel (1862-1932), diese Bilder und Beinamen stammen aus älteren Überlieferungen.

Das neutestamentliche Buch der Offenbarung fasst die zusätzlichen keilschriftlichen Handlungsstränge in sieben Worten zusammen: »Und es entbrannte ein Kampf im Himmel.« Bei diesem Kampf geht es um die Vorherrschaft und um den Fortschritt des Menschengeschlechts.

Können diese Parallelen wirklich nur Zufall sein? Es ist unbestreitbar, dass die seltsame Geschichte auf den Keilschrifttafeln viel mit einer Genesis im Plural (das heißt einer Genesis, die mit dem Plural *Elohim* übersetzt wurde) gemeinsam hat. Was bedeutet diese Parallele? Bedeutet sie überhaupt etwas oder liege ich falsch und *Elohim* ist tatsächlich nur ein anderer, allgemeinerer Name für Jahwe?

Gibt es denn einen eindeutigen Beweis, dass die Menschen vor der Sintflut wirklich mit anderen intelligenten Wesenheiten interagierten – mit »Himmelswesen«, wie ich sie im Zusammenhang mit den Tafeln genannt habe, und »den Mächtigen«, wie ich sie nannte, als wir uns die Genesis anschauten?

Hat man die Ähnlichkeiten einmal erkannt, kann man sie einfach nicht mehr ignorieren. Entweder wurden in der Genesis die Keilschriftmythen nacherzählt oder Genesis und Keilschrifttafeln schöpften aus noch älteren Erzählungen, die beiden Kulturen bekannt waren. In Anbetracht der Tatsache, dass Abraham und Sara bereits reife Menschen waren, als sie Sumer verließen, erscheint es am logischsten, dass in der Genesis der sumerische Schöpfungsbericht nacherzählt wurde, aus dem auch die assyrischen und babylonischen Versionen hervorgingen.

Manche betrachten diese Behauptung als eindeutig und unstrittig. Für andere ist sie jedoch ein Tabu, weil sie den Eindruck erweckt, die göttliche Urheberschaft der Bibel würde untergraben. Selbst das Aufzeigen der Parallelen beleidigt bereits einige Gläubige.

Nathaniel Schmidt (1862-1939) musste das feststellen, als er Professor für semitische Sprachen an der Colgate University in den Vereinigten Staaten war. Schmidt war ein baptistischer Geistlicher, der elf Jahre lang an der Universität tätig war und Kurse in Hebräisch, Arabisch, Aramäisch, Koptisch, Syrisch und vielen anderen alten Sprachen unterrichtete. Für die Colgate University war es ein echter Glücksfall, einen so tüchtigen Gelehrten an ihrer Fakultät zu haben. Bis Schmidt irgendwann in den 1890er Jahren anfing, Abhandlungen zu veröffentlichen, die einige Parallelen zwischen der biblischen und den mesopotamischen Schöpfungsgeschichten aufzeigten.

Als Dank für diese Forschungsarbeit wurde Schmidt 1895 wegen Ketzerei angeklagt und 1896 aus seinem Amt entlassen. Nathaniel Schmidts nächste Veröffentlichung war passenderweise eine Studie mit dem Titel *Biblical Criticism and Theological Belief* (»Bibelkritik und theologischer Glaube«).

Glücklicherweise war die nächste Wendung für Schmidt eine positive, denn die Cornell University ergriff die Gelegenheit, einen Gelehrten von Schmidts Kaliber zu gewinnen. Und an dieser Universität war Schmidt dann noch sechsunddreißig Jahre lang als Professor für semitische Sprachen tätig. Dennoch ist Professor Schmidts Erfahrung eine ernüchternde Erinnerung daran, dass die Entwicklung von Ideen nicht immer ein glatter oder einfacher Weg ist – besonders in der Welt des kirchlichen Glaubens. Denken Sie an Martin Luther. Denken Sie an Galilei!

Ich für meinen Teil genieße meine Arbeit als Pastor, der für Glaubensgemeinschaften in aller Welt aus der Bibel lehrt und predigt. Ich liebe es, Pastoren und Theologiestudenten die bewährten Prinzipien der Hermeneutik – die Werkzeuge, mit denen wir Texte interpretieren – zu vermitteln und sie auf die Bibel anzuwenden. Wie könnte ich mich also nicht darüber freuen, dass ich gleichzeitig als orthodox und nachdenklich wahrgenommen und geschätzt werde? Als sich mir die Parallelen einprägten, war ich mir nicht ganz sicher, ob ich wirklich bereit war, in die Fußstapfen von Nathaniel Schmidt oder meinem Freund Vince zu treten – dem Mann, von dessen Problemen in seiner kleinen Glaubensgemeinschaft ich Ihnen erzählte. Aus diesem Grund war ich begierig darauf, mich auf das Fachwissen von Denkern zu stützen, die klüger waren als ich, und mich an ihnen zu orientieren.

Als ich jedoch anfing, meine akademischen Freunde zu befragen, ob sie diese Parallelen ebenfalls wahrnehmen und was sie davon halten, ergab sich eine überraschende Logik, die sich bei meinen kirchlichen Freunden wiederholte. Nein, meine akademischen Freunde fanden die Parallelen keineswegs beunruhigend! Einige waren sogar bereit zu erklären, dass es offensichtlich sei, dass die biblischen Genesis-Texte auf den älteren mesopotamischen Erzählungen beruhten. Aber wenn ich die logische nächste Frage stellte, verzogen sie jedes Mal das Gesicht. Wenn ich fragte: »Glaubt ihr denn dann, dass die mesopotamischen Berichte über die Himmelswesen als Schöpfer der Menschheit wahr sind?«, erhielt ich immer die gleiche Antwort: »Wie können sie wahr sein? Die biblischen Versionen der Geschichten sind wahr. Falsch ist nur, worauf die biblischen Versionen beruhen!«

Diese Argumentation verblüffte mich. Es lässt sich nicht ausschließen, dass sich eine wahre Geschichte aus einer falschen Geschichte entwickeln könnte, aber es passiert etwas Seltsames, wenn zu dieser Mischung der religiöse Glauben hinzugefügt wird. Strenggläubige Christen akzeptieren die Bibel als maßgebliche Autorität. Die meisten christlichen Doktrinen bezeichnen die Bibel als so etwas wie die »oberste Autorität in allen Fragen des Glaubens und Verhaltens«. In den Religionsartikeln der Kirche von England heißt es, dass die Bibel jene Schriften umfasst, »an deren Autorität in der Kirche niemals ein Zweifel bestand«.

Sobald die Parallelen zwischen der biblischen und der mesopotamischen Mythologie anerkannt werden, ist der offizielle theologische Standpunkt, dass man, um die biblischen Berichte als wahr oder »maßgeblich« betrachten zu können, die Texte, auf denen sie beruhen, für falsch halten muss.

So beruhigend es auch sein mag, mit dem Strom des orthodoxen Glaubens zu schwimmen – ich konnte diese Art von Logik einfach nicht nachvollziehen. Ist das nicht, als würde man eine historische Persönlichkeit als Nachfahren einer fiktiven Persönlichkeit betrachten? Die Vorstellung, jemand, der es irgendwie besser wusste, hätte die mesopotamische Darstellung der Ursprünge der Menschheit Jahrtausende nach ihrer Niederschrift »berichtigt«, schien mir lediglich eine religiöse Mutmaßung zu sein.

Wenn wir akzeptieren können, dass wir in der Genesis eine Erzählung haben, die aus der früheren sumerischen Quelle stammt, wie sie in den mesopotamischen Tafeln überliefert ist, dann müssen wir uns irgendwann auch mit den Implikationen der Parallelen zwischen dem sumerischen Rat der Himmelswesen und dem Rat der Mächtigen in der Bibel auseinandersetzen. Ist es so, dass die beiden Quellen aus demselben Brunnen alter Erinnerungen schöpfen? Wie können wir uns da sicher sein? Gibt es irgendwo eindeutige Beweise?

Zur Veranschaulichung: Stellen Sie sich vor, Ihr Freund John besitzt einen blauen Toyota-SUV, einen *Fortuner*. Er hat weiße Ledersitze, ein Armaturenbrett mit Lederverkleidung und auf dem Autoschild steht *John and Judy*. Dieses Auto ist Ihnen sehr vertraut, denn Sie sind schon oft darin mitgefahren.

Stellen Sie sich weiter vor, dass ich Sie eines Tages zu einer Spritztour in meinem neuen Auto mitnehme. Es ist ein Toyota *Fortuner*. Ihnen fällt auf, dass mein Auto, genau wie das von John und Judy, weiße Ledersitze und ein Armaturenbrett mit Lederverkleidung hat. Kleine Details hier und da überzeugen Sie davon, dass ich Johns Auto gestohlen habe. Also fordern Sie mich heraus: »Hast du das Auto von meinem Freund John geklaut?«

»Natürlich nicht!«, sage ich mit Unschuldsmiene. »Meiner sieht vielleicht ähnlich aus. Ja, er hat auch weiße Ledersitze und ein Armaturenbrett mit Lederverkleidung – genau wie der von John. Aber mein *Fortuner* ist orange und auf dem Schild steht Paul!«

Sage ich die Wahrheit? Sind es wirklich zwei verschiedene Autos, oder habe ich Johns Auto womöglich geklaut, umlackiert und umbenannt?

Um die Angelegenheit zweifelsfrei zu klären, müssen Sie nur den eindeutigen Fingerabdruck des Autos, die Fahrzeug-Identifizierungsnummer, finden, die in das Metall geätzt ist. Das ist der entscheidende Beweis, den Sie benötigen.

Wenn die Mächtigen der Bibel und die Himmelswesen von den Keilschrifttafeln miteinander identisch sind und nicht nur eine zufällige Ähnlichkeit besteht, dann ist Jahwe vermutlich eine eigenständige Entität, deren Selbstoffenbarung später mit den Geschichten über die Mächtigen verwoben wurde. Und tatsächlich müssen wir den entscheidenden Hinweis gar nicht mehr suchen. Er ist bereits gefunden: im Buch Josua 24,14.

In dem Abschnitt hält Josua eine Rede, um das Volk Israel davon zu überzeugen, sich dem Wesen anzuvertrauen, das sich Mose in der Wüste als Jahwe offenbart hat. Josua ist nach dem Tod von Mose dessen Nachfolger als Anführer geworden, und mit diesen Worten wendet er sich an das Volk:

»So fürchtet nun den HERRN [Jahwe] und dient ihm treulich und rechtschaffen und lasst fahren die Mächtigen [Elohim], denen eure Väter gedient haben jenseits des Stroms und in Ägypten, und dient dem HERRN. Gefällt es euch aber nicht, dem HERRN zu dienen, so wählt euch heute, wem ihr dienen wollt: den Göttern [Mächtigen], denen eure Väter gedient haben jenseits des Stroms, oder den Göttern [Mächtigen] der Amoriter, in deren Land ihr wohnt. Ich aber und mein Haus wollen dem HERRN dienen.«

Die Zeit in Ägypten bezieht sich auf die Zeit, in der die Israeliten in einer fremden religiösen Kultur versklavt waren, bevor sich Jahwe dem Mose offenbarte.

»Jenseits des Stroms« bezieht sich auf die religiöse Kultur von Abrahams und Saras Wurzeln im sumerischen Mesopotamien. Josua 24,2 verdeutlicht das:

»Jenseits des Stroms wohnten eure Väter von Urzeiten an, Terach, Abrahams und Nahors Vater, und dienten andern Göttern [Mächtigen = Elohim *im Plural].«*

Josua ruft sein Volk auf, die ägyptischen und sumerischen *Elohim* abzulehnen – »tut sie von euch« sagt er – und ihre ganze Treue Jahwe zu schenken. Dies ist ein Beispiel dafür, dass *Elohim* und *Jahwe* eindeutig nicht gleichgesetzt werden können. *Elohim* ist hier eine Gruppe von Mächtigen, die wir nicht anbeten sollen. Sie sind die Himmelswesen aus Abrahams sumerischem Erbe, deren Geschichten auf den Keilschrifttafeln erzählt werden. Josua ruft das Volk im Namen Gottes auf, sich von diesen Wesen abzuwenden und sie von nun an zu meiden.

Für mich ist das der entscheidende Hinweis. Jeder Zusammenhang zwischen den Himmelswesen und den Mächtigen in ihren jeweiligen Handlungssträngen ist eine weitere Ziffer in dieser Fahrzeug-Identifizierungsnummer. Josuas Rede verbindet die beiden Mythologien unmissverständlich.

Die Flucht aus Sumer war eine Flucht vor den Himmelswesen. Genauso war die Flucht aus Ägypten eine Flucht aus der Unterwerfung unter das altägyptische Regime – das ebenfalls von den Mächtigen kontrolliert wurde. Nun konnten die Kinder Israels mit Jahwes Hilfe und unter seiner Führung frei sein.

Wenn die sumerischen und ägyptischen Kulturen und die Mehrzahl der *Elohim*-Erzählungen an die Beherrschung der Menschen durch Himmelswesen oder Mächtige erinnern, die nicht Gott sind, dann müssen wir uns fragen, wer oder was diese mächtigen Wesen aus dem Himmel denn nun eigentlich waren? Wer war da in der Frühzeit der Menschen präsent und interagierte mit ihnen?

Ein möglicher Anhaltspunkt findet sich in den Einkaufslisten, Rechtsdokumenten und Inventaren auf den Keilschrifttafeln. So gibt es die Königsliste mit den Regierungszeiten sumerischer Könige, die noch vor die Zeit der Sintflut zurückreicht.

Bis auf ein Detail – die Jahreszahlen – sind diese Listen unscheinbar. Bei den Herrschern der späteren Zeit lesen wir von Amtszeiten zwischen 6 und 36 Jahren. Doch je weiter wir in der Geschichte zurückgehen, desto mehr Anomalien tauchen auf. Plötzlich stößt man auf eine Dynastie, die 24.510 Jahre, 3 Monate und 3½ Tage andauerte. Das ist eine sehr genaue Zahl. Es zeigt eine Präzision, wie wir sie von der sumerischen Kultur erwarten würden – der Kultur, die das mathematische Modell entwickelte, dem wir unsere Sekunde verdanken. Der nächste Satz sprengt jedoch völlig den Rahmen. Die 24.510 Jahre, 3 Monate und 3½ Tage währende Dynastie verteilte sich, so liest man dort, auf nicht mehr als 23 Könige, so dass offenbar jeder dieser Könige im Durchschnitt mehr als tausend Jahre lang regierte! Demnach haben wir es mit Königen zu tun, von denen jeder älter wurde als Methusalem (die längste in der Bibel aufgezeichnete Lebensspanne!). Aber es kommt noch sonderbarer: Die Dynastie, die mit der großen Flut endete, bestand 241.200 Jahre, verteilt auf acht Könige – was durchschnittliche Regierungszeiten dieser Herrscher von jeweils 30.000 Jahren ergibt!

Die Lebensspanne dieser Könige im Vergleich zur normalen menschlichen Lebenserwartung ist so enorm, als würde man ein Menschenleben mit dem einer Ameise vergleichen! Womit haben wir es hier also zu tun? Es ist nichts weiter als eine trockene, bürokratische Datensammlung, die für die Nachwelt festgehalten und in Steintafeln eingemeißelt wurde, ohne irgendeinen Kommentar, eine Fabel, ein Gedicht, eine Hagiografie oder ein Lied, um diesen Daten eine andere Bedeutung zu verleihen.

Natürlich ist es verlockend, diese anomalen Lebensspannen zu ignorieren, als hätten die Sumerer entweder nur eine vage

Vorstellung von der Zeit gehabt oder genauen Zeitangaben wenig Bedeutung beigemessen. Doch waren sich diese Menschen keineswegs über die Zeit im Unklaren! Dass wir heute die Zeit so präzise in Sekunden, Minuten und Stunden einteilen, verdanken wir dem von den Sumerern entwickelten sehr genauen Modell der Einteilung von Zeit und Raum. Wir sind heute in der Lage, unsere Berechnungen mit mathematischer Präzision durchzuführen, weil die Sumerer die Mathematik erfanden. Vielleicht sollten wir ihrer Kultur ein wenig mehr Anerkennung zollen, wenn es um ihr Verständnis der Zeit geht.

In ähnlicher Weise entwickelten die Sumerer eine Schrift, die eine buchstabengetreue Übertragung von Wörtern aus unzähligen Sprachen ermöglichte, wodurch die in diesen Sprachen verfasste Literatur für die Nachwelt festgehalten werden konnte. Wir sollten den sumerischen Schriftgelehrten also durchaus die Fähigkeit zugestehen, Begriffe richtig zu übersetzen.

Die Babylonier nutzten die sumerische Mathematik, um Sonnenfinsternisse zu messen und in Keilschrift aufzuzeichnen, und zwar mit einer solchen Präzision, dass Wissenschaftler heute in der Lage sind, die babylonischen Aufzeichnungen als Mittel zur Berechnung der Verlangsamung der Erdrotation zu nutzen. Die Verbindung der Sumerer mit den Sternen könnte diesen Daten eine weitere Bedeutungsebene verleihen. Einige Forscher weisen auf Korrelationen zwischen den Zeitlinien der Könige und der Präzession der Erde hin (der Dauer ihrer »Taumelbewegung«), die einen Zyklus von Tagundnachtgleichen bewirkt. Andere Wissenschaftler fanden heraus, dass einige Könige, die in der Liste nacheinander aufgeführt sind, der sumerischen Geschichte zufolge als Zeitgenossen auf den Thronen verschiedener Hauptstädte regierten.

Es könnte also mehr hinter diesen Daten stecken, als man auf den ersten Blick sieht.

Ein weiteres erwähnenswertes Detail ist, dass in der Königsliste behauptet wird, es seien sorgfältig alle Herrscher verzeichnet, »von der Zeit an, als das Königtum vom Himmel herabkam«, bis zur Zeit der Sintflut und jener Zeit, als nach der Flut »das Königtum noch einmal vom Himmel herabkam«.

Das Konzept, wonach die Monarchie mit *»Göttern«* beginnt, die später die Regentschaft an menschliche Könige und Königinnen übergeben, ist kein Monopol der sumerischen Kultur. Auch bei den Ägyptern war das so.

Innerhalb dieser rätselhaften Abfolge, die von einem vom Himmel kommenden Volk auf die Menschen übergeht, gibt es einen berühmten König, der ein Mischwesen war – halb Mensch, halb Himmelsgott: Gilgamesch. Er ist der Held der ältesten schriftlich festgehaltenen Geschichte der Welt, des *Gilgamesch-Epos.*

Als im April 2003 ein deutsches Forscherteam verkündete, das Grab des Königs Gilgamesch gefunden zu haben, war das ein unglaublicher Moment in der Geschichte von Religion und Archäologie. Nicht viel mehr als einen Monat nach der ersten US-Invasion im Irak unter Präsident George H. W. Bush gab dieses Team unter der Leitung des Geophysikers Jörg Faßbinder vom Bayerischen Landesamt für Denkmalpflege in München seine unglaubliche Entdeckung bekannt. Mit kaum zu bändigender Aufregung sprach Faßbinder mit der BBC und erklärte:

»Das Überraschendste war, dass wir Gebäude und Anlagen gefunden haben, die bereits im Gilgamesch-Epos beschrieben werden ... Wir haben mehr als hundert Hektar untersucht. Wir haben sorgfältig angelegte Gärten gefunden, wie sie im Epos beschrieben werden, und wir haben babylonische Häuser gefunden … Ganz deutlich können wir in den Kanälen Strukturen erkennen, die zeigen, dass dort einige Gebäude durch eine Überflutung zerstört wurden. Es handelte sich um ein technisch anspruchsvolles Kanalsystem … eine Art Venedig in der Wüste.

Durch Unterschiede in der Magnetisierung im Boden kann man in den Boden hineinschauen … Der Unterschied zwischen Lehmziegeln und Sedimenten im Euphrat ermöglicht eine detaillierte Analyse der Strukturen … Ich möchte nicht definitiv sagen, dass es sich um das Grab von König Gilgamesch handelt, aber es sieht der im Epos beschriebenen Grabstätte sehr ähnlich. Etwas außerhalb der Stadt, in der Mitte des ehemaligen Euphrat-Flussbettes, entdeckten wir die Überreste eines Gebäudes, das als Grabstätte interpretiert werden kann.«

Möglicherweise war es einer der bedeutendsten archäologischen Funde … aller Zeiten! Nachdem die uralte Grabstätte entdeckt und abgesperrt worden war, endete innerhalb weniger Tage der erste Irakkrieg.

Was für eine Entdeckung! Die Grabstätte des ältesten mythologischen Helden der Welt – sie zu öffnen, bot eine wirklich einmalige Gelegenheit, die Schnittstelle von Mythologie und Geschichte zu studieren. Was für eine unglaubliche Gelegenheit wäre es, König Gilgamesch, der als Halbgott verehrt wurde, zu untersuchen. Es würde einen unvorstellbaren Einblick in die Welt der sumerischen Könige und einen Schlüssel zur Deutung der Königsliste eröffnen.

Leider wurde die öffentliche Erforschung der Stätte anscheinend schnell wieder eingestellt. Im Jahr 2005 äußerte sich Faßbinder in der wissenschaftlichen Zeitschrift *Dossiers – Archeologie et Sciences des Origines* ziemlich enttäuscht:

»Im Gegensatz zu den Behauptungen einiger Journalisten ist es keineswegs erwiesen, dass es sich bei unserer Entdeckung um Gilgameschs Grab unter dem Fluss handelt. Es tut uns leid, dass wir keine genaueren Angaben zu den Ergebnissen unserer magnetischen Untersuchung machen können, aber seit 2003 sind alle archäologischen Stätten im Irak einer ernsthaften und wachsenden Bedrohung ausgesetzt. Die mangelnde Sicherheit im Land … [und] der illegale Handel mit … Kunstgegenständen und Artefakten führen zu einer totalen und irreversiblen Zerstörung der archäologischen Stätten durch Plünderer. Alle … archäologischen Strukturen sind besser geschützt, wenn wir sie unter der Erde belassen, unberührt und begraben.«

Begraben? Was für eine Schande! Hätte Jörg Faßbinder diesen Bericht nach der zweiten Irak-Invasion geschrieben, hätte er wohl ISIS als Grund dafür anführen können, dass die Stätte entweder nicht untersucht werden konnte oder bereits zerstört worden war. Es ist unglaublich enttäuschend, dass wir während der inzwischen fast zwanzig Jahre seit seiner Entdeckung nicht in der Lage waren, einen so einzigartigen Fund zu beschützen oder eingehender zu untersuchen.

Vorläufig müssen wir also davon ausgehen, dass die Liste der sumerischen Könige noch ein wenig länger ihr Geheimnis bewahrt. Was die lange Lebenszeit der Könige betrifft, so können wir sagen, dass die Liste uns Wesen zeigt, die zwar langlebig, aber – anders, als wir es bei Göttern erwarten würden – nicht unsterblich waren. Wer waren sie also?

Schauen wir uns einige der Details an, die auf den Keilschrifttafeln stehen. Die Himmelswesen sind in jeder Hinsicht mächtige Wesen. Denken Sie an die Raumstationen, das Sternentor, das Volk, das vom Himmel herabsteigt, unfruchtbares Land terraformt, Wettersysteme manipuliert und Menschen genetisch manipuliert. Sie sind langlebig, aber sterblich. Sie nutzen Technologie, betätigen sich politisch, widersetzen sich Anordnungen, kämpfen um die Macht, streiten sich, experimentieren und erfinden, beobachten, und auch wenn sie den Menschen manchmal helfen, werden unsere Urahnen doch von ihnen immer wieder entführt und ausgebeutet. Ich würde sagen, die Tafeln zeichnen ein ziemlich klares Bild. Diese Himmelswesen sind das, was wir heute als *Außerirdische* bezeichnen würden.

Als ich an diesem Punkt angelangt war, war es für mich an der Zeit, meinen Gartencontainer zu verlassen, um einige Menschen aufzusuchen, die älter und weiser als ich sind. Ich erhoffte mir, dass sie mir helfen würden, mich in der Welt zurechtzufinden, die plötzlich ins Blickfeld rückt, wenn man die rote Pille der Geschichtswissenschaft geschluckt hat – die Keilschrifttafeln.

Ich brauchte ein paar Experten außerhalb der Welt der Bücher, draußen in der greifbaren Welt aus Fleisch und Blut, Leute, die sich mit empirischen Dingen beschäftigen – Archäologen und Paläontologen – und vielleicht ein oder zwei Anthropologen. Vielleicht würde es mir gelingen, einen richtigen Wissenschaftler zu finden, der mich darin bestärkte, dass der Mensch einfach nur Mensch ist, bequem allein im Universum lebend – oder der mich auf die Alternative dazu vorbereitete.

Diese Reise führte mich aus meiner Abgeschiedenheit heraus. Ich brach zu einer Reise auf, die mich weg vom Bundesstaat Victoria und Australien führte – ja, sie führte mich heraus aus meinen sämtlichen Komfortzonen. Es begann eine paradigmenverändernde Entdeckungsreise um die ganze Welt.

Aber erst einmal brauchte ich ein Bier!

4

Der Schleier des Vergessens

»Paul, ist dir klar, dass das, was du da sagst, *völlig verrückt* klingt?«

Brad hatte das, was manche Leute gerne als »die Gabe, andere zu ermutigen« bezeichnen, und an diesem Tag war er damit wieder sehr freigebig. Wir gönnten uns ein Bier in meiner Lieblingskneipe am Oldstream Pass.

»Bier ist gut für dein Bein«, sagte er. »Ein gutes Muskelrelaxans!«

Während also mein Glas Hefeweizen auf mein Bein einwirkte, präsentierte ich Brad einige meiner Spekulationen.

»Wenn man dieses Wort neu pluralisiert, kehrt man zu einer früheren Version der Geschichte zurück. In dieser Version, in der Zeit vor der Sintflut in Genesis 6, gibt es im Text mindestens vier Arten von Lebewesen: zwei außerirdische Spezies – *Elohim* und *Ben Elohim,* Menschen und eine hybride Spezies namens *Nephilim.* Und das sind alles Pluralformen!«

Ich fuhr fort: »Das Gleiche auf den Keilschrifttafeln. Mindestens drei Arten von Wesen: eine ET-Spezies – die Himmelswesen –, Menschen und einige Hybriden. Das gleiche Szenario!« Brad schaute verblüfft.

»Paul, du machst da eine Menge an einem einzigen Wort fest. Was ist, wenn die Redaktoren, die damals *Elohim* durch das Wort Gott ersetzten, es besser wussten als du und es tatsächlich richtig gemacht haben? Was ist, wenn *Elohim* nur zufällig wie ein Plural aussieht?«

»Aber Brad, das Wort sieht nicht nur wie ein Plural aus. Es verhält sich auch wie einer. Pluralform, Pluralverben, Pluralverhalten, Pluralagenden – sogar mehrere einander widersprechende moralische Auffassungen. Sobald man *Elohim* wieder als Mehrzahl versteht, ergeben die Geschichten einen Sinn und die Anomalien hören auf, Anomalien zu sein.« Aber mein Freund Brad wirkte unbeeindruckt.

»Paul, du warst doch immer stolz darauf, orthodox bis in die Knochen zu sein. Was macht es für einen Sinn, wenn du das hier veröffentlichst? Die Leute werden es nur kaufen, um darüber zu lachen! Ich meine, denk doch mal einen Moment nach. Wenn wahr wäre, was du sagst – dass die Menschen von Außerirdischen erschaffen wurden –, glaubst du nicht, dass wir uns dann daran erinnern würden? Sonst hätten wir ja wohl ein ziemlich großes Stück unserer Geschichte einfach vergessen. Das ist doch lächerlich. So etwas Großes kann nicht völlig in Vergessenheit geraten.«

Das stimmt. Wie könnte eine intelligente Spezies einfach aufstehen und vergessen, woher sie kommt? Brad ist Sciencefiction-Junkie – deshalb dachte ich, dass ihn das, worüber ich schreibe, vielleicht interessieren würde. Also griff ich zu einer SciFi-Metapher …

»Brad, die Wahrheit ist da draußen! Vielleicht ist die Wahrheit manchmal so weit draußen, dass wir sie nur als Fiktion erzählen können. Denk an *Planet der Affen*, die Tim-Burton-Version, mit Mark Wahlberg.« Diesen Film hatten wir uns zusammen angeschaut.

»In dieser Geschichte hatten die Affen tatsächlich etwas Großes vergessen. Sie spielt auf einem Planeten, auf dem die Affen herrschen und die Menschen dumme Sklaven sind. Hätte von den Affen jemand gesagt: ›Es gab eine Zeit, in der die Affen die Sklaven und die Menschen die Herren waren‹, hätte er sich damit zum Gespött gemacht. Er wäre seinen Job los gewesen, man hätte ihn zum Schweigen gebracht!

Aber dann zeigt sich, dass es eine verbotene Zone gibt, die von den Affen nicht betreten werden darf. Dieses Gebiet wird von Gorillas bewacht, die niemanden hereinlassen, denn es ist eine kulturelle Stätte, ein Heiligtum. Die Affen nennen es CA-LI-MA. Es ist der Geburtsort ihres Gottes *Semos.*

Doch als Mark Wahlberg dort die alten Schriftzeichen vom Staub befreit, entdecken wir, dass die seltsamen Silben CA-LI-MA eigentlich die Überreste dreier Wörter sind: **CAUTION LIVE ANIMALS** (»Vorsicht, lebende Tiere!«). Die Worte sind vom Sand der Zeit verschluckt worden.

Es stellt sich heraus, dass sich in der verbotenen Zone eine uralte Technologie verbirgt, zu der auch ein abgeschlossener Bereich gehört, in dem jene lebenden Tiere gehalten wurden. *Semos* war eines dieser Tiere – kein Gott, sondern ein Affe mit besonderen Kräften, denn in der Zeit, als die Menschen die Herren gewesen waren, hatten sie ihn genetisch verändert!

Nur der Älteste unter den Affen – Charlton Heston – kennt die Wahrheit. Sein Name ist Zaius und er ist der Hüter des verbotenen Wissens. Versteckt in seinem Haus bewahrt Zaius ein Artefakt aus dieser längst vergessenen Zeit auf. Es ist eine Waffe von phänomenaler Macht. Eine Pistole. Sein Schwiegersohn ist fassungslos, als Zaius erklärt, dass das so verrückt Erscheinende eine historische Tatsache ist: ›Einst waren die Affen die Sklaven und die Menschen die Herren!‹

Es ist die gleiche Geschichte! Die Affen werden von einer höheren Spezies gentechnisch verändert, um sie zu nützlicheren Sklaven zu machen. Genau das Gleiche wird in der Plural-Genesis und in den Keilschrifttafeln über uns gesagt!

Nachdem in *Planet der Affen* die höhere Spezies verschwunden ist, wird bei den Affen das Wissen über ihre wahre Herkunft buchstäblich vergraben und die Artefakte werden versteckt, denn die Geschichte soll möglichst für immer im Dunkel des Vergessens verschwinden.

So, wie die Affen ihre Herkunft verdrängten und vergaßen, haben auch wir unseren Ursprung verdrängt und vergessen.

Die Bedeutung von Worten wird von der Zeit unter dem Sand verschüttet. Anormale Artefakte werden in den Kellern unserer Museen versteckt. UNESCO-Welterbe und UN-Militär halten uns von unseren verbotenen Zonen fern. Und wir zweifeln an der Zurechnungsfähigkeit derjenigen, die die inoffizielle Geschichte wiederholen. Das ist doch das Gleiche! Ich denke, darum geht es in dem Film!

Schau dir zum Beispiel an, was mit dem Burschen an der Colgate University passiert ist, den ich vorhin erwähnt habe. Er wurde gefeuert, nur weil er die sumerische Geschichte erzählte!

Schau, wie es John Mack erging. Harvard-Professor. Pulitzer-Preisträger. Er war Leiter der klinischen Psychologie in Harvard. Alles war gut, bis in den 1990er Jahren das US-Militär John einlud, einige psychologische Beurteilungen von hochrangigen Militärangehörigen vorzunehmen, die von

Nahbegegnungen mit Außerirdischen berichtet hatten. Dabei fallen ihm einige ungewöhnliche Muster auf. Dann forscht er noch ein wenig weiter und erweitert seine Stichproben auf ziviles Luftfahrtpersonal und andere. Als er seinen Bericht dem Militär vorlegt, sagt er: ›Hier geht etwas vor sich, das kein rein psychologisches Phänomen sein kann. Diese Menschen erleben etwas, das wir untersuchen müssen.‹

Sobald er damit an die Öffentlichkeit geht, werden staatliche Stellen gegen ihn aktiv. Man versucht, seine Karriere zu zerstören. Er wird eingeschüchtert und in der Presse lächerlich gemacht. Nur mit Hilfe eines erstklassigen Anwalts gelingt es ihm, seine Harvard-Professur zu behalten. Es war entsetzlich. Und die Botschaft war klar. Nehmt euch in Acht, sonst machen wir mit euch das Gleiche!

So ›vergessen‹ wir! Wenn das Vergessen belohnt und das Erinnern bestraft wird, ist es einfacher zu vergessen.

Dasselbe gilt für das Christentum.

Das klassische Beispiel ist Marcion, im zweiten Jahrhundert. Er war ein Bischof mit Kirchen in ganz Kleinasien und im Mittelmeerraum, die seiner Theologie folgten.

Sein Argument war, dass der Gott und Vater Jesu völlig anders ist als der zornige, völkermordende Gott des Alten Testaments. ›Sie können nicht beide ein akkurates Bild Gottes sein‹, sagte er. Wenn wir die Behauptungen über Gott an Jesus messen, dann müssen wir das Alte Testament wirklich verwerfen, weil die beiden Gottesbilder einfach unvereinbar sind. Marcion glaubte, die *Elohim*-Geschichten handelten von einer völlig anderen Wesenheit.

Heute erinnern wir uns an Marcion als Ketzer. Was wir vergessen, ist, dass diejenigen, die die orthodoxe Linie formalisierten, in Wirklichkeit mit neunzig Prozent der Aussagen Marcions übereinstimmten!

Nun kommt Origenes, um den orthodoxen Bischöfen zu helfen, die Fragen Marcions zu beantworten. Er sagt: ›Macht euch keine Sorgen. Ihr müsst diese Problemgeschichten des Alten Testaments nicht für bare Münze nehmen. Wenn Gott etwas tut, das nicht zu rechtfertigen ist, dann predigt einfach nicht die offensichtliche Bedeutung. Interpretiert die Textstelle anders. Findet die Moral der Geschichte und predigt darüber. Wenn ihr könnt, deutet es als eine Prophezeiung über Jesus oder die Kirche. Predigt es so, und ihr werdet sehen, dass es kein Problem gibt! Jesus und die Apostel haben nie die faktische äußere Bedeutung gepredigt. Sie haben sich immer auf die anderen Schichten der alten Erzählungen gestützt. Ihr könnt also gerne dasselbe tun!‹

Und das wurde dann mehr oder weniger zu der orthodoxen Argumentationslinie. Es gab eine Strömung, die zu wörtlicheren Auslegungen neigte – sie wurde die Antiochenische Schule genannt. Aber wenn jemals ein orthodoxer Prediger ein wenig Spielraum brauchte, um die wirklichen Schwierigkeiten in einem Teil der Bibel zu umgehen, dann war es Origenes' dreifache Lesart, die der Kirche einen Rahmen gab. Was Origenes lehrte, ist im Grunde das, was die meisten Prediger seither getan haben, ohne darüber nachzudenken.

Aber wenn man die Sache auf den Punkt bringt, hatten Origenes und Marcion beide das gleiche Problem erkannt, nämlich die grundlegende Unvereinbarkeit zwischen dem Gottesbild des Alten und dem des Neuen Testaments. Darin waren sich beide eigentlich einig. Nur wählten Origenes und Marcion jeweils unterschiedliche Wege, das Problem zu neutralisieren.

Weil Origenes' Linie zur Orthodoxie wurde und man Marcion als Ketzer verdammte, neigen wir dazu, all das Gute zu vergessen, das in Marcions Beitrag steckte. Er wurde ausgestoßen. Exkommuniziert. Und keine seiner Schriften blieb erhalten. Trotzdem hatte Marcion in den frühen Kirchen viele Anhänger, die alle lernen mussten, ignoriert oder verunglimpft zu werden.

Die marcionitischen Kirchen waren der festen Überzeugung, die *Elohim*-Geschichten seien einfach keine Gottesgeschichten. Sie legten die Genesis so aus, dass andere Wesenheiten an der Erschaffung der Menschen und der Welt, wie wir sie kennen, beteiligt waren. Das ist also keine neue Idee.

Indem sie Marcion exkommunizierten und ihn als Ketzer bezeichneten, sagten die Bischöfe: ›Brüder und Schwestern, wir müssen über all das nicht weiter nachdenken. Die Entscheidung ist gefallen. Und es spielt *überhaupt keine* Rolle, dass alle seine Kirchengemeinden in Kleinasien und im Mittelmeerraum an der Lesart des Marcion festhalten.‹ (Das dortige marcionitische Kirchennetzwerk bestand nach Marcions Tod noch fünf Jahrhunderte lang.) ›... Nein, keine Sorge. Wir wollen eine einfache Lösung. Wenn wir Marcion als Ketzer abstempeln, brauchen wir uns auch nicht mehr genauer mit seinen Argumenten zu befassen!‹

Sie vernichteten Marcions Schriften, damit künftige Generationen von Gläubigen nicht Gefahr liefen, über diese alternative Darstellung der Bibel und der Anfänge der Menschheit zu stolpern. Jedenfalls vermute ich das, weil kein einziges seiner Bücher jemals auftauchte, was ja doch ein bisschen seltsam ist.

Also, Brad, ich denke, auf diese Art ›vergessen‹ wir. Man fordert es von uns. Wenn die Obrigkeit sagt, dass etwas sich so und so zugetragen hat und dass man verrückt ist, wenn man etwas anderes denkt, dann erfordert das Erinnern viel Mut und kann einem einen Haufen Ärger einbringen. Es wird zu einem Akt der Rebellion.«

Brad hielt einen Moment inne und massierte leise seine rechte Augenbraue, damit er meine Argumente besser verarbeiten konnte. Schließlich sprach er.

»*Planet der Affen*?«, sagte er. »Dein Problem ist offensichtlich, dass du Schwierigkeiten hast, zwischen Fiktion und Historie zu unterscheiden! *Planet der Affen* ist Fiktion. Es gab, glaube ich, sieben Versionen von *Planet der Affen*, weil es so eine tolle Geschichte ist. Das ist es, was Mythologie ausmacht. Das ist es, was die sumerischen Tafeln sind. Das ist es, was die Genesis-Geschichten sind. Deshalb gibt es auch mehrere Versionen derselben Geschichte. Weil es eine tolle Geschichte ist. Dass sich etwas wiederholt, macht es nicht von einer Fabel zu einer Tatsache. Du liest diese Mythologien wie ein Fundamentalist. Müsste der fantastische Inhalt dir nicht sagen, dass die Geschichten nichts weiter als sehr alte Fiktionen sind?«

Ich hielt nicht inne, um ihn darauf hinzuweisen, dass es einige Dinge gibt, die er und ich für wahr halten, die anderen aber ziemlich fantastisch erscheinen würden.

»Fantastisch muss nicht gleichbedeutend mit faktenfrei sein, oder?«, wandte ich ein. »Als ich mir zum Beispiel den Film *King George – Ein Königreich für mehr Verstand* angeschaut hatte, kam ich nach Hause und fragte mich, wie hoch denn wohl der historische Wahrheitsgehalt dieser erstaunlichen Geschichte war. Das ist doch eine völlig berechtigte Frage, oder? Also ging ich in die örtliche Bibliothek und las, was ich über diese Zeit in Erfahrung bringen konnte. Es stellte sich heraus, dass alles historisch zutreffend dargestellt war! So erlebte ich es auch, als ich *Der Untergang* sah. Fantastisch! Aber es stellte sich heraus, dass alles akribisch recherchiert war, Wort für Wort!

Du fragst: ›Wie konnte ein so wesentlicher Teil unserer Vergangenheit in Vergessenheit geraten?‹ Ich würde sagen, er ist nicht in Vergessenheit geraten. Fast jede Kultur auf der Welt hat einen Weg gefunden, sich daran zu erinnern. Sie erzählen es in ihren eigenen Traditionen, Kunstwerken und Mythologien weiter. Na gut, jetzt kannst du mich auslachen und sagen: ›Der arme Paul hat vergessen, wie man Fakten von Fiktion unterscheidet!‹ Vielleicht würden die Altvorderen, die die Mythologien der Welt verfasst haben, über uns lachen und sagen, dass wir vergessen haben, historische Realitäten zu erkennen, wenn wir sie sehen.«

Selbst nach ein paar weiteren Bieren waren Brad und ich uns bei dem Thema weiterhin nur darüber einig, dass wir uns nicht einig waren. Er hatte damit Recht, dass Übereinstimmungen zwischen einer früheren und einer späteren Mythologie kein Beweis sind, dass wir es mit historischen Fakten zu tun haben. Und ja, es ist durchaus anzunehmen, dass Abraham und Sara Erinnerungen und Mythologie aus der sumerischen Kultur in die hebräische Kultur weitergetragen haben. In der Tat ist die Erkenntnis, dass die Genesis Anleihen bei mesopotamischen Quellen machte, nicht wirklich neu. Bereits in den späten 1890er Jahren erschien eine Reihe von akademischen Büchern zu diesem Thema.

Wie kommt es also, dass dieses Wissen auch heute noch von vielen Menschen empört geleugnet wird?

Zum Teil liegt es wohl daran, dass es nicht gerade ein inspirierender Stoff für Predigten ist, und wenn die Geistlichen nicht darüber predigen, werden die meisten bibeltreuen Gläubigen nichts davon erfahren. Der andere Teil der Gleichung ist, dass die Nachrichtenmaschinerie sich ständig weiterdreht. Ein Thema wird gehypt und es erscheinen dazu viele Bücher. In der nächsten Saison sind stattdessen Prominenten-Kochbücher der Renner! Was in den Abendnachrichten hochgejazzt wird, kann an einem Tag in aller Munde und am nächsten vergessen sein, und niemand zuckt mit der Wimper.

Viele Jahre lang hatte ich einfach die allgemeine Ansicht akzeptiert, dass Marcion ein glückloser Abweichler war. Jetzt musste ich mich fragen, ob Marcion und das beträchtliche Netzwerk von Kirchen, die sich ihm anschlossen, nicht vielleicht doch etwas Richtigem auf der Spur gewesen waren.

Obwohl sie für das orthodoxe Christentum von grundlegender Bedeutung sind, kennen die meisten Christen die Ideen von Marcion und Origenes kaum oder gar nicht. Die Gläubigen sind vielleicht mit ihrer eigenen westlichen Orthodoxie gut vertraut, kennen aber die alternativen Ansichten nicht, die damals verworfen wurden. Es gibt so etwas wie eine informierte Orthodoxie. Aber der weitaus größte Teil der Kirchgänger orientiert sich an der kirchlichen Mainstream-Doktrin und empfindet davon abweichende Bibel-Interpretationen als irritierend und sperrt sich dagegen.

Es gibt natürlich auch eine sehr bewusste, aktive Art des Vergessens, wenn eine Kultur etwas als Last empfindet und es unbedingt vergessen möchte. Als sich Großbritannien im Krieg mit Deutschland befand, wurden zum Beispiel die Namen der königlichen Familie geändert, damit das britische Volk sich wohler damit fühlte, vom Haus Sachsen-Coburg und Gotha regiert zu werden. Wie im vorangegangenen Krieg mit Deutschland wurde sorgsam auf öffentliche Auftritte von Mitgliedern der königlichen Familie verzichtet, deren deutscher Akzent zu ausgeprägt war. Nach dem Krieg wurde die frühere Begeisterung hochrangiger Royals für Geschäfte mit der Naziführung und Bündnisse mit Herrn Hitler taktvoll verschwiegen. Besser nicht darüber reden. Das wäre wenig hilfreich und der britischen Öffentlichkeit gegenüber unsensibel gewesen.

Beim israelischen Volk im Exil, in der babylonischen und assyrischen Gefangenschaft, dürfte die Kultur ihrer Herren genau die gleiche Art von Angst und Abscheu hervorgerufen haben, wie sie von der Nazikultur später in den alliierten Ländern ausgelöst wurde. Für die jüdischen Exilanten wäre es sicherlich unvorstellbar gewesen, gegenüber den Babyloniern oder Assyrern, deren Gefangene sie waren, so etwas zu empfinden wie Verbundenheit oder das Bedürfnis, sich an die dortige Kultur anzupassen. Vielmehr dürften kulturelle und religiöse Unterschiede extrem betont worden sein, während vermutlich positive, brüderliche und schwesterliche Erfahrungen mit der Bevölkerung jener Länder kleingeredet wurden. Nichts, was sich auch nur im Entferntesten babylonisch anfühlte oder roch, hätte damals Eingang in eine jüdische Predigt gefunden.

Wenn die gemeinsame Erinnerung nicht geteilt wird und an die nächste Generation weitergegeben wird, gerät sie schon bald in Vergessenheit. Israel war ein Jahrzehnt lang in Assyrien und dann siebzig Jahre lang in Babylonien im Exil. Das sind mehr als drei Generationen. Und genau in dieser Zeit – des babylonischen Exils im sechsten Jahrhundert vor Christus – wurde nach Ansicht vieler Gelehrter die heutige Fassung der Genesis redigiert, das heißt gegenüber einer früheren Version verändert. Es war also genug Zeit, ziemlich viel zu vergessen, und es gab Gründe dafür.

Unabhängig von der Glaubensgemeinschaft, der wir angehören, müssen wir Prediger immer darauf achten, dass wir uns nicht zu weit von den offiziellen Erzählungen entfernen. Dabei wäre genau das eigentlich notwendig – angesichts dessen, was die Beschäftigung mit der weit zurückliegenden Geschichte und eine genauere Betrachtung der Quellen uns lehrt. Der Hintergrund aus Gruppendenken, geheimen Codes und unausgesprochenen Regeln der Gemeinschaft sorgt dafür, dass wir auf dem rechten Weg bleiben.

Aber wenn du dich wochenlang in einem Gartenhäuschen verkriechst, während der Streckapparat an deinem Bein arbeitet, fällt der Druck des Gruppendenkens von dir ab. Gedanken an die in wenigen Tagen bevorstehende nächste Predigt lösten sich in Wohlgefallen auf. Ich hatte die Freiheit, das Boot noch ein wenig weiter hinauszuschieben und meinen Fragen nachzugehen.

Um jedoch weiterzukommen, musste ich einen Zaius finden, oder sogar zwei, die mir weiterhelfen konnten, einige Hüter der alten, verbotenen Geschichte, oder Artefakte aus jener fernen Zeit. Gab es möglicherweise in unseren eigenen Museen und historischen Stätten Objekte, die auf eine komplexere Vorgeschichte der Menschheit hinweisen? Gab es in unserer DNA Spuren unseres alten Erbes? Das waren die Wege, denen ich folgen musste.

In *Planet der Affen* wird dem Ältesten, Zaius, von General Thade die Pistole abgenommen. Der General befühlt sie und schnüffelt daran. Er ist offensichtlich unglücklich darüber, dass allein die Existenz dieses Artefakts die auf falschen Annahmen beruhende Schöpfungsmythologie der Affen in Stücke schießt – eine Mythologie, von der die ganze Welt geprägt wurde, deren

Schutz General Thade sein Leben gewidmet hatte. War er bereit zu akzeptieren, dass die Wahrheit seine geliebte Welt aus den Angeln heben würde?

Diese Analogie machte mich nachdenklich. Welche soliden, greifbaren Artefakte könnten in unserer Zeit, auf unserem Planeten, existieren, die unsere eigenen liebgewonnenen Überzeugungen und Annahmen über den Haufen werfen könnten? Und welche neue Geschichte über den Ursprung der Menschheit könnte daraus entstehen?

5

Das Wissen in unseren Knochen

Es bestand kein Zweifel. Es handelte sich um Menschen. Die Frage war nicht, *was* sie waren, sondern *warum* sie so waren. Warum waren bei diesen Peruanern, die vor mehr als drei Jahrtausenden gelebt hatten, die Schädel um 60 Prozent schwerer als der durchschnittliche Schädel eines modernen Menschen? Warum hatten ihre Schädel nur eine Scheitelplatte statt zwei? Warum waren ihre Gehirne um 25 Prozent größer? Und warum waren ihre Schädel am Hinterkopf viel länglicher als Ihrer oder meiner?

Die Langschädel, von denen ich hier spreche, tauchten erstmals 1928 an der Südküste Perus auf, entdeckt von dem Archäologen Julio Tello auf der Wüstenhalbinsel Paracas. Zunächst glaubten die Wissenschaftler, die ungewöhnlichen Schädelformen könnten das Ergebnis lokaler kultureller Praktiken sein, bei denen Holzbretter und Stoffbinden verwendet wurden, um die Schädel von Säuglingen zu verformen. Praktiken der sogenannten künstlichen Schädelverformung waren in Südamerika bekannt. Es gab sie aber auch im dynastischen Ägypten, bei den Alemannen in Deutschland, bei den Alanen im Iran und dem Volk der Nazca in den Anden.

Bei näherer Untersuchung der von Tello entdeckten Schädel fanden sich jedoch Hinweise auf die Morphologie und das Volumen, die darauf hindeuteten, dass die ungewöhnliche Form in diesem Fall völlig natürlich war. Mit anderen Worten, es handelte sich um eine andere Unterart der Spezies Mensch. Das größte bisher gefundene Kontingent sind die peruanischen Langschädel. Andere wurden in der Kaukasusregion zwischen Schwarzem und Kaspischem Meer entdeckt. Unsere Vettern aus Paracas konfrontieren uns also mit einer weiteren Anomalie – einem Hinweis in einer anderen Wissenschaftsdisziplin, dass die eindimensionale Geschichte, die wir uns über die Evolution des Menschen erzählt haben, unvollständig ist.

Was ist der Inhalt dieser eindimensionalen Geschichte? Es ist das, was Sie und ich in der Schule über die allmähliche Verbesserung der Hominiden gelernt haben, beginnend beim Australopithecus und dann immer weiter verfeinert bis zu *Uns* – dem *Homo sapiens*. Offensichtlich haben *Wir* jede andere Unterart unserer Gattung überflügelt, weil *Wir* einfach besser sind, und – schwupps! – erschufen *Wir* die moderne Zivilisation.

Ganz einfach!

In einem meiner Schulbücher wurde »unser« Erscheinen auf der prähistorischen Bühne beschrieben. Das Bild auf der Seite, der Eindruck des Künstlers von uns, hob sich von den Darstellungen all der früheren Hominiden ab. *Wir* – zumindest auf diesem Bild – waren weiß und fit! Der danebenstehende Text verstärkte diese Auffassung noch:

»Ganz plötzlich war es soweit. Die Gruppe [der Neandertaler] war um das Feuer versammelt, die Männer arbeiteten und

sprachen über die Jagd, die Frauen schabten Tierhäute, die Kinder spielten. Unerwartet ein Schrei, hundert Schreie. Und dann tauchen wie aus dem Nichts Männer eines anderen Typs auf, Männer, die groß, stark und gutaussehend sind. Unbarmherzige Männer, die zum Angriff übergehen. Die Neandertaler haben nicht einmal die Zeit zu begreifen, was geschieht. Ein tödlicher Regen von Speeren prasselt auf sie nieder. Die Angreifer stürmen heran, töten die Verwundeten und fangen und massakrieren die, die zu entkommen versuchen.

Als er fiel, durchbohrt von einem Speer, der viel schärfer war als sein eigener, mag er in seiner Bestürzung gedacht haben, dass es unmöglich war, einem solchen Feind zu widerstehen … Die entsetzten Neandertaler, die entkommen konnten, flohen in die Berge, wo sie an Kälte, Hunger und, schlimmer noch, an Einsamkeit starben.

Der Homo sapiens *hatte sich zu einem Zustand der Vollkommenheit entwickelt. Majestätisch trat er in Erscheinung, um seinen Platz in der Geschichte der Menschheit einzunehmen.«* (Mino Milani: *Man Emerges*)

Wow! Ein Zustand der Vollkommenheit! Groß, stark und gutaussehend. Und weiß.

Gutaussehend bin ich vielleicht. Groß und weiß allerdings eher nicht. Ich schätze also, dass diese Schöpfungsgeschichte für mich von Anfang an nicht so richtig passte. Noch wichtiger ist jedoch, dass mein Unbehagen mich dazu brachte, im Laufe der Jahre hier und da kleine Hinweise darauf zu entdecken, dass in den Annalen der Vorgeschichte nicht alles so sauber und ordentlich abgelaufen war.

In den 1990er Jahren entdeckten Paläontologen in Frankreich die Überreste eines prähistorischen Dorfes. Als sie die Skelette der Bewohner untersuchten, zeigte sich, dass es Knochen von uns und Neandertalern waren – die dort offensichtlich zusammengelebt hatten. Mit einem Schlag änderte sich unsere Geschichte. Neandertaler waren Menschen! Sie waren ein Teil von uns.

Nun wurden Experten für forensische Gesichtsrekonstruktion beauftragt, sich zu überlegen, wie unsere Neandertaler-Vorfahren wohl ausgesehen haben könnten. So kam es, dass ich eines Freitagmorgens beim Durchblättern der *London Times* auf das Bild eines Neandertalers stieß, der deutlich weniger affenartig aussah als in meiner Schulzeit. Er hatte immer noch eine niedrige Stirn mit wulstigen Brauen. Er hatte immer noch einen ausladenden Kiefer und komisches, dicht anliegendes Haar und war insgesamt nicht ganz so groß und gutaussehend wie Sie oder ich. Aber er war definitiv ein Mensch.

Diese Umgestaltung bedeutete eine so starke Veränderung in der Geschichte des Universums, dass mir das Bild des Neandertalers nicht mehr aus dem Kopf ging. Ich fragte mich, ob wir vielleicht Beweise dafür finden könnten, dass die Neandertaler doch nicht alle an Kälte und Einsamkeit in den Bergen starben. Vielleicht haben wir uns einfach alle miteinander gekreuzt, und die Besonderheiten der Neandertaler sind immer noch im großen Schmelztiegel unserer DNA vorhanden.

In der folgenden Woche fuhr ich mit dem Zug nach Leicester, um einen Freund zu besuchen, der dort an seiner Promotion arbeitete. Nach dem Mittagessen am ersten Tag forderte er mich zu einer Partie Poolbillard im Spielsaal der Universität heraus. Zuerst mussten wir darauf warten, dass der amtierende Billardmeister der Universität sein Spiel beendete.

Er stammte aus Mazedonien und war ein Kommilitone aus der Doktorandengruppe.

Als er aufstand und mich ansah, konnte ich es nicht glauben. Es war der Typ von dem Foto in der *London Times* vom vergangenen Freitag! Wie aus dem Gesicht geschnitten. Die gleiche Stirn, die gleichen Brauen, das gleiche Kinn, das gleiche Haar und die gleiche leicht gebückte Haltung. Ein Doktorand und Poolmeister.

Es war ein seltsamer Moment, und ich weiß, dass er im Großen und Ganzen nicht viel zählt, aber er hat meine Vorurteile über unser Neandertaler-Erbe aufgedeckt und mich dazu gebracht, das Rinnsal paläontologischer und DNA-Funde in den nächsten Jahrzehnten zu bemerken, die die Realität einer weitaus vielfältigeren Bevölkerung in der Frühgeschichte der Menschheit untermauern. Die Fortpflanzung zwischen Neandertalern, Denisova-Mensch und *Homo sapiens* ist inzwischen mehrfach in der DNA nachgewiesen worden.

Und dann fanden wir Ötzi.

Ötzi tauchte aus dem abschmelzenden Eis eines Gletschers in Tirol auf. Er war fünftausend Jahre alt – stammte also aus einer Zeit, in der die Menschen laut meinen Lehrbüchern frierend in Höhlen hockten, primitive Bärenfelle trugen und Grunzlaute ausstießen. Aber das traf nicht zu. Ötzi trug gut sitzende, sauber genähte und zum Schutz vor der Kälte gefütterte Kleidung und Schuhe. Er war rasiert. Er hatte offenbar Zahnbehandlungen erhalten. Die Utensilien, die er in einem Beutel bei sich trug, waren mit handwerklichem Geschick hergestellt. Er war wir!

Dass Ötzi, die Gletschermumie, über eine so gute Kleidung und Ausrüstung verfügte, verstärkte einen Aspekt der Aussage in dem von mir zitierten Lehrbuch noch. Wir erschienen *»ganz plötzlich«* auf der Bildfläche. Bereits klug. Bereits technisch versiert. Wie ist das zu erklären?

Und dann, ganz plötzlich irgendwo im alten Sumer, findet sich, wie aus dem Nichts auftauchend, ein vertrautes Paket von Phänomenen: Landwirtschaft, Bewässerung, Städte, Kanäle, Abwasserentsorgung, Schrift, Mathematik, Bankwesen, Astronomie und Zeitmessung. Und dann, ganz plötzlich, tauchten diese Dinge überall auf der Welt auf. Die Kunstwerke und Artefakte dieser neuen Gesellschaften zeichnen in der Tat ein seltsames Bild – eine Vielzahl kleiner und großer, menschlicher und hybrider Wesen, die alle darauf hinweisen, dass die Geschichte vom Ursprung der Menschheit weitaus älter und komplexer ist.

Je mehr wir uns mit dem Menschen beschäftigen, desto interessanter und geheimnisvoller werden unsere Anfänge. Was wir jetzt ausgraben und was eine neue Ära von DNA-Tests zu bestätigen scheint, stimmt mit den Schöpfungsmythen vieler indigener Kulturen überein – nämlich, dass es Menschen in allen möglichen Formen und Größen gibt und dass die Vielfalt in vergangenen Zeiten sogar noch größer war. Vielleicht waren die legendären Hobbits, Trolle, behaarten Tiermenschen, kleinen Leute und Riesen realer, als wir heute glauben.

Nehmen Sie zum Beispiel Riesen. Jeder Lateinstudent ist mit dem Schriftsteller Plinius vertraut. Er war im frühen zweiten Jahrhundert nach Christus Statthalter von Bithynien und führte einen Briefwechsel mit dem römischen Kaiser Trajan – ein erhalten gebliebener Briefwechsel, der seither Generationen von Lateingelehrten beschäftigt. Seine Briefe enthalten Fragen an den Kaiser, wie mit den Christen umzugehen sei. Er erwähnt auch beiläufig einen Riesen von 2,97 Metern Größe, der aus Arabien nach Rom gebracht und dort als Halbgott gefeiert wurde.

Plinius' Zeitgenosse, der jüdische Historiker Flavius Josephus, erwähnt ebenfalls beiläufig riesenhafte Menschen aus Fleisch und Blut. Josephus ist vielen christlichen Lesern bekannt, weil er Jesus als den Messias bezeichnete und schrieb, dass für die Anhänger Jesu ihr Glaube an seine Auferstehung von den Toten kennzeichnend sei. In seinem Kommentar zur jüdischen Geschichte nimmt Josephus Bezug auf die Riesen aus den biblischen Erzählungen – die Nephilim, Emiter, Gatiter, Anakiter und Rafaïter. Verweise finden sich in *Genesis*, *Deuteronomium*, *Numeri*, *Josua*, *I. Chronik*, *II. Samuel* und *Amos*. Goliath, der Gatiter, war 2,97 Meter groß. Von Og, dem Rafaïter, der König von Baschan war, wird berichtet, dass er ein Bett mit den Maßen 4,10 x 1,80 Meter hatte.

Josephus weist bezüglich dieser riesenhaften Menschen auf Genesis 6 hin, wonach sie von Mächtigen (die er als *»gefallene Engel«* bezeichnet) mit Menschenfrauen gezeugt worden sein sollen. Er schrieb als Historiker, und so ist es interessant, die Gleichsetzungen zu beachten, die er in seinen Verweisen vornimmt.

Josephus verweist auch auf die folgenden Berichte aus der jüdischen Geschichte:

»In Nob aber war Jischbi, der einer der Riesensöhne war, und das Gewicht seines Speers war dreihundert Schekel Bronze, dazu war er mit einem neuen Schwert gegürtet. Der wollte David erschlagen. Aber Abischai, der Sohn der Zeruja, half David und schlug den Philister tot.« (II. Samuel 21,16-17)

»Abermals erhob sich ein Krieg bei Gat. Da war ein großer Mann, der hatte je sechs Finger und sechs Zehen, die machen zusammen vierundzwanzig, und auch er war von den Riesen geboren. Der sprach Israel Hohn, aber Jonatan, der Sohn Schimas, der ein Bruder Davids war, erschlug ihn. Diese waren geboren von den Riesen in Gat und fielen durch die Hand Davids und seiner Knechte.« (1. Chronik 20,5-8)

In seiner Nacherzählung der Geschichte schreibt Josephus, der von Davids Neffen Jonatan getötete Riese sei 2,75 Meter groß gewesen.

Über eine Schlacht zur Zeit Josuas heißt es bei ihm: »Damals gab es noch Riesen, deren Körper so groß waren und deren Gesichter so anders aussahen als die normaler Menschen, dass ihr Anblick schrecklich war und ihr Gebrüll die Menschen in Angst versetzte. Die Gebeine dieser Männer werden noch heute öffentlich ausgestellt.«

Interessant ist, dass Josephus eine direkte Verbindung zwischen den griechischen Sagen über Hybridwesen und denen in Genesis 6 herstellt. Es ist nicht zu übersehen, dass Josephus diese mythologischen Bezüge als Erinnerungen an tatsächliches historisches Geschehen und nicht als Fiktion betrachtet. Zur Bestätigung weist er darauf hin, dass zu der Zeit, als er seine Werke schrieb, Knochen dieser Riesen »öffentlich ausgestellt« wurden.

Archäologische Funde in jüngerer Zeit haben Skelettreste von ähnlicher Größe wie bei dem von König Davids Neffen erschlagenen Riesen zutage gefördert. Das sonderbare Detail, einer der Riesen hätte sechs Finger und Zehen gehabt, findet ein merkwürdiges Echo in einem Fund aus dem neunzehnten Jahrhundert in Noble Country, Ohio, wo die Skelettreste eines 2,45 Meter großen Menschen (oder Hominiden) mit sechs Fingern und Zehen gefunden wurden. Im Kiefer dieses Hünen gab es keine Schneidezähne, sondern vorne und hinten ausschließlich Backenzähne.

Solche anomalen Funde wurden von Ecuador bis Malta gemacht und befinden sich oft an Orten, an denen örtliche Mythen und Legenden von übergroßen Menschen berichten, die dort im früheren Zeiten gelebt haben sollen.

Am anderen Ende des Spektrums stieß man bei Ausgrabungen in Indonesien im Jahr 2004 auf eine andere Sorte menschenähnlicher Wesen, die bisher für rein fiktiv gehalten worden waren – die sogenannten »Hobbits«. Den ersten Fund verdanken wir einem Team australischer und indonesischer Wissenschaftler, die in der Ling-Bua-Höhle auf der Insel Flores Ausgrabungen durchführten. Diese Menschenart, deren Körpergröße, wie anhand der Knochenfunde ermittelt wurde, lediglich einen Meter betrug, wurde zu Ehren ihres Fundortes *Homo floresiensis* genannt. Die Welt zog jedoch schnell den Namen aus J. R. R. Tolkiens Romanen vor. Das geschah zu Ehren der kleinen Statur und der enorm großen Füße des neu entdeckten Hominiden!

Besonders überraschend an dem Fund war, dass diese kleinen Menschen noch bis vor etwa 18.000 Jahren auf Flores lebten.

Angesichts solcher Funde müssen wir zugeben, dass die Vorgeschichte der Menschheit wesentlich vielfältiger und komplexer zu sein scheint als die simple Linie der allmählichen Evolution, die Ihnen und mir in der Schule beigebracht wurde. In unserer Zeit sind die Menschen so vielfältig, dass wir eindeutig nicht einmal eine einzige Zuchtgruppe sind. Rhesus- und Nicht-Rhesus-Blut bedeutet, dass die Menschen in mindestens zwei Zuchtgruppen fallen – und eine einheitliche Zuchtgruppe ist eines der Merkmale für eine Spezies! Was unsere Vorfahren betrifft, so kennen wir heute *Homo sapiens*, *Homo neanderthalensis*, *Homo habilis*, *Homo erectus*, *Homo denisova*, *Homo flo-*

riensis, Homo paracas und vermutlich auch *Homo nobilis* (so nenne ich die Leute aus Noble County mit den Backenzähnen anstelle von Schneidezähnen). Wenn wir den *Homo gatensis* aus 1. Chronik 20 mit einbeziehen, dann haben wir Menschenformen, die von Flachschädeln bis zu Langschädeln und von Hobbits bis zu Riesen reichen.

Mit diesem Wissen könnte man die allgemein akzeptierte Interpretation antiker Wandmalereien in Frage stellen, die Menschen unserer Größe zeigen, die manchmal neben viel größeren Menschen arbeiten oder diese bedienen. Die oft wiederholte Interpretation sieht diese Größenunterschiede als eine Art künstlerische Freiheit an, um Unterschiede im sozialen Status zu veranschaulichen. Doch vielleicht erinnern diese Wandmalereien und Schnitzereien in der Kunst an das, was auch in der Bibel nachzulesen ist – nämlich, dass die Menschheit einst noch vielfältiger war als heute.

Im Zusammenhang mit den Menschen mit langen Schädeln stellt sich mir die faszinierende Frage, warum die Menschen in bestimmten Regionen der Erde drastische Maßnahmen ergreifen, um die Schädelform ihrer Babys so zu verändern, dass sie den Langschädeln ähnlicher werden? Wir sind von Natur aus und instinktiv stark darauf bedacht, die Köpfe unserer Babys zu schützen. Warum haben bestimmte Bevölkerungsgruppen an unterschiedlichen Orten auf der Welt das Bedürfnis, die Köpfe ihrer Babys zu deformieren, damit sie einer dieser Nischenpopulationen ähnlich sehen?

Ein Hinweis darauf findet sich in den Annalen der spanischen Konquistadoren in Mittel- und Südamerika. Sie waren darauf bedacht, die Menschen mit den langen Schädeln auszurotten, da sie unter den Eingeborenen als königliche Personen galten. Eine interessante Parallele dazu findet sich im Ägypten der Zeit Echnatons, Nofretetes und Tutanchamuns. Auf Bildnissen aus jener Zeit wird die untere Gesellschaftsschicht der Diener und Gehilfen als Menschen mit vertrauten Schädelformen dargestellt. Die Pharaonen hingegen tragen eine Kopfbedeckung, durch welche die Form des langen Paracas-Schädels betont oder nachgeahmt wird. Es ist eine unerklärliche Assoziation, die sogar noch in der heutigen Zeit im Dutt Audrey Hepburns, der Eleganz und Raffinesse ausdrückt, ihren Widerhall findet.

Wir können nur Vermutungen darüber anstellen, warum diese Schädelform mit Adel oder sozialer Überlegenheit in Verbindung gebracht wurde. Es könnte sein, dass der niedrige Schädel und die schwere Stirn unserer Neandertaler-Vettern als Zeichen sozialer Unterlegenheit galten und dass höhere Stirnen einen höheren sozialen Stellenwert hatten. Es könnte sein, dass Menschen mit langen Schädeln aufgrund ihres um 25 Prozent größeren Gehirns gewisse intellektuelle Vorteile genossen haben. Aber angesichts der winzigen Populationen langschädeliger Menschen bleibt die Frage: Wem wollten wir alle ähnlich sehen?

Als die Paracas-Schädel in den letzten Jahren wieder ins Rampenlicht rückten, fragten sich einige Beobachter, ob die Langschädel vielleicht nicht-menschliche DNA enthalten, die sowohl ihre ungewöhnliche Kopfform als auch den sozialen Vorteil, der mit dieser Kopfform verbunden zu sein schien, erklären könnte. Bis heute bestätigen die DNA-Tests, dass unsere Cousins aus Paracas vollständig menschlich sind, eine Mischung aus südamerikanischen, westasiatischen und osteuropäischen Ureinwohnern. Sie sind ein weiteres Beispiel für die Vielfalt der Urmenschen.

Sobald wir beginnen, die menschliche Familie als deutlich größer zu betrachten, sind wir gezwungen, die Frage zu überdenken, wie alt wir eigentlich sind. Wie alt ist unsere familiäre Beziehung zum *Homo neanderthalis*? Und wie weit reicht demnach die menschliche Erinnerung zurück?

Wenn man nach Beweisen für Landwirtschaft und Zivilisation sucht, könnte man bis 10.000 vor Christus zurückgehen, als Landwirtschaft und Städte entstanden. Wenn man nach der Herstellung von Werkzeugen und Beweisen für kulturelle Praktiken wie Kunst, Handwerk und Rituale sucht, stammen die ältesten Funde aus der Zeit um 20.000 vor Christus. Wenn man nach Menschen sucht, die genau wie wir gebaut sind, kommt man auf etwa 200.000 vor Christus. Einige Forscher weisen auf Bauwerke in Südafrika hin, die aus diesem frühesten Zeitrahmen stammen. Wenn wir danach suchen, ab wann der Mensch das Feuer nutzte, dann sind wir nach derzeitigem Konsens in Afrika, vor 400.000 bis 1,4 Millionen Jahren – und in Gesellschaft des *Homo erectus*. Wie lange sind wir also schon hier und wie viele menschliche Zivilisationen sind in dieser Zeit gekommen und gegangen? Und was tritt zutage, wenn wir diese Frage an die Bibel stellen?

Wenn Sie die Bibel mit einer fundamentalistischen Hermeneutik lesen, dann führen Sie die Genealogien bis etwa 4000 vor Christus zurück. Die Realität ist aber vielleicht komplexer. Selbst bei einer fundamentalistischen Lesart müssen wir berücksichtigen, dass es sich bei den Texten der Genesis 1 bis 11 um eine Kombination von Schriftrollen handelt, die aus mehreren Quellen zusammengetragen wurden. Irgendwann während oder nach der Zeit Mose wurden die Schriftrollen dann zu dem Werk vereint, das wir heute kennen. Die getrennte Identität der Schriftrollen bleibt jedoch so deutlich, dass der literarische Klebstoff immer noch zu erkennen ist, wenn wir von einer Schriftrolle zur nächsten übergehen. Es ist also leicht zu erkennen, dass die verschiedenen Erzählungen für sich allein stehen können, wie es ursprünglich auch der Fall war.

So gesehen ist es möglich, dass wir neben den beiden Schöpfungsberichten in Genesis 1 und 2 und den beiden Sintflutberichten in Genesis 6 bis 9 auch zwei Berichte über das Aussterben einer Kultur haben – einen durch die Sintflut in Genesis 6 bis 9 und einen durch andere Faktoren in Genesis 11. In beiden Fällen wird die Menschheit in einen primitiveren Existenzzustand zurückversetzt, und die Katastrophen führen zu Migrationsbewegungen der Menschen und zum Verlust von Sprache und Technologie.

Einfach ausgedrückt werfen unsere Genesis-Schriftrollen dieselbe Frage auf wie unsere paläontologischen Forschungen, nämlich: Wie lange gibt es uns schon und wie weit reicht die menschliche Erinnerung zurück? Wie viele Zivilisationen sind gekommen und gegangen? Wie oft mag unsere Spezies mit außerirdischen Spezies interagiert haben? Wie viele Katastrophen und Neuanfänge sind in unserem kollektiven Unbewussten vergraben?

Unbestritten gab es in der Geschichte des *Homo sapiens* ein kataklysmisches Massenaussterben. Obwohl das in meiner Schulzeit Unterrichtsthema war und wir damals Bilder der durch dieses dramatische Ereignis ausgelöschten Megafauna zeichnen mussten, glaube ich nicht, dass ich je wirklich begriff, wie sehr die Menschheit damals vom Aussterben bedroht war. Auch hatte ich Genesis 1 nie in diesem Licht gelesen.

Ich wusste schon lange, dass die letzte Eiszeit ein für Menschen und Tiere gleichermaßen schwieriges Kapitel war. Ich wusste von der Schnellvereisung, die das Aussterben von Säbelzahntigern, Mammuts und Wollnashörnern verursachte – ein Prozess, der in dem Film *The Day After Tomorrow* anschaulich dargestellt wird.

Aber genau in dieser Phase großer Verletzlichkeit traf den Planeten, als wären die klimatischen Herausforderungen der Eiszeit nicht schon Rückschlag genug gewesen, ein gewaltiger Kometeneinschlag.

Vor etwa 12.800 Jahren, also genau zu der Zeit, als mehrere antike Zivilisationen anscheinend über Nacht verschwanden, wurde das über drei Kilometer dicke Schelfeis, das Nordamerika und einen Großteil des nördlichen Europas bedeckte, von einer so katastrophalen Kraft getroffen, dass die dadurch ausgelösten Flächenbrände überall auf der Welt menschliche Siedlungen zerstörten, Überflutungen ganze Stadtstaaten unter Wasser setzten, schätzungsweise fünfundsiebzig Prozent der nordamerikanischen Megafauna ausgelöscht wurde und auch die Menschheit um ein Haar vom Antlitz der Erde verschwunden wäre.

Das war unsere Begegnung mit dem Clovis-Kometen – eine so fürchterliche Begegnung, dass die Erde dadurch für immer verändert wurde. Wenn wir die Folgen dieses Ereignisses verstehen, können wir erahnen, wie unsere Vorfahren den Clovis-Kometen und alle anderen früheren Katastrophen und die nachfolgenden Erholungsprozesse interpretiert haben könnten. Obwohl ich die Genesis immer nur als Schöpfungsbericht gelesen hatte, ließ mich das Verständnis des Clovis-Ereignisses zum ersten Mal darüber nachdenken, dass das, was wir auf den Seiten von Genesis 1 lesen, vielleicht gar kein Schöpfungsbericht ist, sondern eine Geschichte der Heilung und Wiederherstellung.

6

Die große Wiederkehr

Stellen Sie sich eine Welt vor, die in Dunkelheit gehüllt und zu weiten Teilen überflutet ist. Auf ihrer Oberfläche befinden sich einige kaum bewohnbare Inseln, die von einer Handvoll Spezies aus der Zeit vor dem Kataklysmus bevölkert werden.

Diese Welt der Dunkelheit und des Wassers ist die Leinwand für die Schöpfung, wie wir sie in der Genesis und auf den mesopotamischen Tafeln dargestellt finden – und auch in einem mesoamerikanischen Dokument namens Popol Vuh. Das Popol Vuh (»Buch des Volkes«) ist ein Schöpfungsbericht aus der alten Maya-Kultur in Mesoamerika.

Lassen Sie mich diese fast leere Leinwand beschreiben. Die Atmosphäre ist dunkel, ein Baldachin aus Asche und Ruß. Bei den Wassern (über denen »der Geist Gottes schwebte«) handelt es sich um den Meeresspiegel, der von den unvorstellbaren Fluten durch das schnelle Abschmelzen des über drei Kilometer dicken Eisschildes, das zuvor die Nordhalbkugel des Planeten bedeckt hatte, gigantisch angestiegen ist. Immer mehr Experten sind sich mittlerweile darin einig, dass ein

Großteil des Planeten nach dem Einschlag des Clovis-Kometen auf dem Laurentide-Eisschild oberhalb der Großen Seen so aussah, in einer Phase, als die Erde gerade begonnen hatte, aus einer Eiszeit aufzutauchen.

Eine schwarze Sedimentschicht in ganz Nordamerika, Südamerika, Westeuropa und dem westlichen Teil Asiens gibt dramatisch Zeugnis ab von einer Feuersbrunst, die sich über Hunderttausende von Quadratkilometern erstreckte und auf die eine katastrophale Überschwemmung folgte. Die durch die Waldbrände entstandene Staub- und Rußschicht verdunkelte das Sonnenlicht über der Nordhälfte des Planeten.

Durch die Flutung des Ozeans mit Schmelzwasser und den Wegfall der wärmenden Atlantikströmung stürzte die Welt fast über Nacht in eine neue Eiszeit, die noch schlimmer war als die vorherige – die sogenannte Jüngere Dryaszeit. Es handelte sich um einen dramatischen und superschnellen Klimawechsel, der durch so plötzliche Temperaturabfälle gekennzeichnet war, dass weidende Mammute mit dem Futter im Maul schockgefroren wurden.

Das Abschmelzen des Eisschildes bewirkte einen Anstieg des Meeresspiegels um, wissenschaftlichen Schätzungen zufolge, vierzig bis sechzig Meter, so dass sämtliche Küstensiedlungen überflutet wurden.

Das waren die Folgen des Clovis-Kometenereignisses, für das eine Reihe von Forschern in den letzten Jahre Beweise entdeckt haben, und es zeichnet sich ein neuer Konsens ab. Im Jahr 2007 fand Richard Firestone, ein Wissenschaftler am Lawrence Berkeley National Laboratory, in einer Sedimentschicht, die auf 12.900 Jahre vor heute datiert wurde, an einem Dutzend verschiedener archäologischer Stätten in New Mexico mikroskopisch kleine Metallkugeln (Sphärolithen) und Diamanten in Nanogröße, was die Theorie des Clovis-Kometeneinschlags untermauerte. Firestone führt diese Kugeln als Beweis dafür an, dass ein massiver Komet in der Erdatmosphäre explodierte und seine Bruchstücke an verschiedenen Orten einschlugen, wodurch die prähistorische Clovis-Zivilisation Nordamerikas ausgelöscht wurde und 75 bis 80 Prozent der Megafauna des Kontinents ausstarben. Es wird geschätzt, dass sechsunddreißig Arten, darunter Mammute, Mastodonten, Wollnashörner und Säbelzahntiger, durch dieses Ereignis ausstarben.

Im Jahr 2017 veröffentlichte Albert Goodyear von der University of Southern Carolina eine Studie, die Richard Firestones frühere Erkenntnisse bestätigte. Goodyear hatte sich mehr als dreißig Jahre lang mit der Frage des Verschwindens der Clovis-Zivilisation beschäftigt. Und auch der emeritierte Professor James Kennett von der University of California gehört zu der wachsenden Zahl von Wissenschaftlern, die die Ansicht vertreten, dass es dieser Kometen- oder Asteroideneinschlag war, der die Jüngere Dryaszeit und alle damit verbundenen Aussterbeereignisse auslöste. Das akademische Establishment ist oft langsam, wenn es um neue Entdeckungen und Perspektiven geht, daher ist die wachsende Akzeptanz für die These, dass der Clovis-Comet für das damalige Massenaussterben verantwortlich war, bemerkenswert.

Es ist interessant zu sehen, was zur gleichen Zeit in anderen Regionen des Planeten geschah. Eine Reihe von Stadtstaaten wurde offenbar in ihrer Entwicklung abrupt gestoppt. Göbekli Tepe, eine uralte Meisterleistung der Baukunst in der heutigen Türkei, wurde sehr sorgfältig mit Schutt aufgefüllt, um sie vor irgendetwas zu schützen – vielleicht vor einem sich anbahnenden Kataklysmus? Ein Labyrinth unterirdischer Tunnel, das sich von Schottland bis in die Türkei erstreckt, zeugt von einer Zeit, in der die Menschen unterirdisch lebten – vermutlich, weil die Erdoberfläche wegen Umweltveränderungen vorübergehend unbewohnbar geworden war.

In den Meeren um Malta, Indien und Japan finden sich Überreste von Bauwerken, die offenbar aus der Zeit vor unserer heutigen Zivilisation stammen. Im Golf von Cambay an der Westküste Indiens entdeckten Taucher, die den Verschmutzungsgrad der Bucht untersuchten, in sechsunddreißig Metern Tiefe die Ruinen einer Stadt. Spätere Untersuchungen ergaben Sandsteinmauern, ein Straßennetz und die Überreste eines Seehafens. Die Stadt, die den Namen Dwarka trägt, entspricht einer Metropole, die zuvor nur aus Beschreibungen in der indischen Mythologie bekannt war.

Auf der Insel Malta gibt es steinerne Fahrspuren, die auf dem Festland beginnen und bis zu einer Tiefe von etwa dreißig Metern ins Meer reichen. Vor der Küste der japanischen Insel Yonaguni befinden sich in sechsunddreißig Metern Tiefe Pfeiler, Terrassen, Wege und Regenrinnen.

All diese Bauwerke wurden auf Land errichtet, das vor der letzten Eiszeit, also vor nicht mehr als 12.000 Jahren, noch über dem Wasser lag. Sie alle sind Zeugnisse älterer vergessener Zivilisationen.

Der Komet, der die Katastrophe verursachte, ist nach der Clovis-Zivilisation auf dem nordamerikanischen Kontinent benannt. Bei der Erforschung der Überreste dieser Kultur stießen Wissenschaftler auf Spuren des Kometen.

Diese und andere archäologische Funde werfen die gleiche Frage auf. Könnte es sein, dass die Menschheit sich vor etwa 12.900 bis 11.600 Jahren nach einer Katastrophe, bei der wir nur knapp der völligen Auslöschung entgingen, erst wieder aufrappeln musste?

Welche Erinnerungen dürften sich Menschen eingebrannt haben, die am Rand der Katastrophenzone überlebten? Welche Hilfe dürften die überlebenden Flüchtlinge nach dem Kälteeinbruch, dem Feuer und den Fluten, der Hungersnot und dem erneuten Kälteeinbruch benötigt haben, um ihr Leben wieder aufbauen zu können?

Zuallererst wäre wohl der dunkle Baldachin aus Staub, Ruß und Asche, der das Licht der Sonne verdeckte, zu beseitigen gewesen, damit wieder eine Art von Normalität einkehren konnte. Die Fluten mussten abgewehrt und bewohnbares Land zurückgewonnen werden. Das Land musste für das Leben an der Oberfläche wieder nutzbar gemacht werden, für den Ackerbau und die Viehhaltung.

Während die Mächtigen diese Aufgaben erledigten, sah die überlebende menschliche Bevölkerung in diesen isolierten Landstrichen zuerst die Sonne, dann den Mond und dann die Sterne. Als Nächstes wären nutzbares Land, danach Vegetation und tierisches Leben wiederhergestellt worden. Kurzum, die Entstehung der Welt, wie wir sie kennen, würde sich ähnlich wie im ersten Kapitel der Genesis abgespielt haben.

Darüber hinaus gibt es in den Genesis-Texten, wie wir sie heute kennen, einen wichtigen Hinweis, der nahelegt, dass es sich bei dem, was wir lesen, tatsächlich um einen Bericht über die Wiederherstellung des Planeten und die Wiederherstellung des Lebens handelt. In unserer herkömmlichen Lesart würde dieser Hinweis den Anschein einer weiteren Anomalie erwecken. Wenn wir jedoch die Geschichte neu betrachten und unsere Schöpfungstexte durch die Linse eines globalen Neubeginns lesen, ergibt dieser Vers plötzlich einen perfekten Sinn.

Der fragliche Hinweis in Genesis 1 besteht darin, dass, bevor die *»Schöpfung«* begann, die Erde bereits existierte – bedeckt mit Wasser und eingehüllt in Finsternis.

Wie kann die Erde existieren – und das Wasser und sogar die Dunkelheit – vor dem Licht, vor der Sonne oder den Sternen? Wie kann es bereits eine Erde geben, die mit Ozeanen bedeckt ist, bevor das erste Wort der Schöpfung gesprochen wurde? Die hebräischen Worte, die den Zustand des Planeten beschreiben – *tohu wa-bohu* –, deuten auf eine chaotische, leere Einöde hin. Ist es möglich, dass der Text uns die Erde nach dem Kataklysmus zeigt, überflutet und in Staub und Ruß gehüllt – so wie nach dem kataklysmischen Ereignis, das die Dinosaurier auslöschte?

Das in Genesis 1 gezeichnete Bild entspricht genau dem, was wir erwarten würden, wenn eine überlegene Spezies auf dem Planeten gelandet wäre, um der menschlichen Spezies nach einer globalen Katastrophe wieder auf die Beine zu helfen. Der erste Schritt wäre die Trennung von Salz- und Süßwasser für Trinkwasser und Landwirtschaft sowie die Reinigung der Atmosphäre, damit die Sonne all jene natürlichen Kräfte, die das Leben auf der Erde ermöglichen, wieder aktivieren und nähren kann. In einem zweiten Schritt müssten Landstriche zur Besiedlung und für die Landwirtschaft wiederhergestellt werden. Schritt drei wäre die Wiederherstellung der Tier- und Menschenarten. Kurz gesagt, die Reihenfolge wäre genau so, wie sie in der Genesis beschrieben wird.

Die Themen der Finsternis und der Trennung der Gewässer voneinander sowie der Umstand, dass die Erde bereits existiert, wenn die Mächtigen kommen und ihr Werk beginnen, sind wiederkehrende Themen. Sie sind ein roter Faden, der die mesopotamischen Berichte, die biblischen Erzählungen und, wie ich bereits erwähnte, die mesoamerikanische Mythologie des Popol Vuh miteinander verbindet.

Das Dokument Popol Vuh wurde von einem spanischen Dominikanerpriester namens Francisco Ximenez im frühen achtzehnten Jahrhundert entdeckt. Es handelt sich um eine Sammlung uralter Überlieferungen, die von den indigenen Priestern der »Gefiederten Schlange« gepflegt wurde und die Pater Francisco aus dem Maya-Dialekt der Quiché ins Spanische übersetzte.

Das Popol Vuh ist im Grunde das Fotoalbum einer anderen Familie, und die Erfahrung, darin zu blättern, bewirkte, dass ich die Augenbrauen noch erstaunter hochzog als zu der Zeit, als ich mir zum ersten Mal die Texte der mesopotamischen Tafeln vornahm. Die Texte der Keilschrifttafeln sind eine erschütternde und schwierige Lektüre. Das Popol Vuh ist verblüffend klar.

Auf seinen Seiten werden die Parallelen deutlich, wenn der Erzähler die Frage aufwirft, wer genau seine helfende Hand bei den Anfängen der Menschheit und dieser Welt im Spiel hatte. Die mesopotamischen Tafeln sagen, dass es die Oberen waren, die dies taten. Meine Lesart der Genesis besagt, dass es die Mächtigen waren. Und ich habe argumentiert, dass diese Erzählungen das Eingreifen von zwei außerirdischen Spezies beschreiben.

Hier ist die Geschichte, wie das Popol Vuh sie erzählt:

»Alles war unbeweglich und still. In der Finsternis, in der Nacht, schwebten nur der Schöpfer, der Gestalter, der Beherrscher, die gefiederte Schlange und diejenigen, die entwickeln

und bauen, diejenigen, die das Sein schenken, über dem Wasser als ein heller werdendes Licht.«

Wieder einmal beginnt die Schöpfung in der Finsternis, mit Wesenheiten, die über dem Wasser »schweben«. Was für eine faszinierende Entsprechung zur Sprache von Genesis 1! Und beachten Sie, dass es sich um Wesenheiten im Plural handelt: *»diejenigen, die das Sein schenken ... diejenigen, die entwickeln und bauen«*.

Und was machen diese Baumeister ... oder Ingenieure? Zuerst kommt das Licht – oder die Morgendämmerung. Dann tauchen die Menschen auf – oder tauchen *wieder* auf. (Das im Popol Vuh verwendete Wort kann mit »auftauchen« oder »sich zeigen« übersetzt werden.)

Während die Menschen sich zeigen, sind die Baumeister oder Ingenieure »**in der Finsternis und in der Nacht ... und halten Rat über die Produktion und das Wachstum von Bäumen und kriechenden Reben, von empfindungsfähigen Wesen und der Menschheit**«.

Wenn die Genesis und das Popol Vuh Erinnerungen an einen real stattgefundenen globalen Wiederherstellungsprozess enthalten, ist es für mein kleines Gehirn irgendwie einfacher, sich eine höhere Spezies vorzustellen, die dabei hilft. Es fällt mir schwer, mir multidimensionale Wesen vorzustellen, die über die Macht oder Technologie verfügen, Planeten oder Sonnensysteme zu erschaffen. Das sagt natürlich nichts darüber aus, ob so etwas möglich ist oder nicht, sondern nur über die Grenzen meiner Vorstellungskraft! Aber dass eine außerirdische Zivilisation die Erde besucht und den Menschen hilft, wieder auf dem Planeten Fuß zu fassen, dass sie beim Schutz vor Überschwemmungen, bei der Entwicklung von Ackerbau und der Viehzucht hilft … Das sind Dinge, die wir Menschen nach Naturkatastrophen füreinander tun. Vielleicht trafen die Ingenieure, die über den Fluten der Erde schwebten und über die Wiederherstellung des Planeten berieten, genau zu diesem Zweck bei uns ein – sei es nach dem Einschlag des Clovis-Kometen oder nach einem noch weiter zurückliegenden Kataklysmus.

Wäre es nicht sogar möglich, dass solche Eingriffe mehr als einmal stattgefunden haben, um der Menschheit auf ihrem Weg zu helfen? Die Genesis, die mesopotamischen Tafeln und das Popol Vuh erzählen alle von einem längerfristigen Eingreifen der Mächtigen/Himmelswesen/Ingenieure. Sie schufen die Menschheit, lenkten sie mit geschickter Hand und sicherten ihr Überleben.

Wir sind so sehr daran gewöhnt, uns die menschliche Rasse als die Spitze der Nahrungskette vorzustellen, dass es ein schwieriger Gedankensprung ist, uns als mittelmäßige Akteure in einer größeren kosmischen Gemeinschaft von Intelligenzen zu begreifen. Es fällt uns schwer, uns den Menschen als jemanden vorzustellen, an dem Experimente durchgeführt werden – sei es, dass er von einer anderen Intelligenz genährt, gestört oder sogar manipuliert wird.

Wenn Sie jedoch dachten, die sumerische Geschichte von einem Rat der Oberen, der uns als Sklaven für sich arbeiten lässt, sei etwas weit hergeholt, dann hören Sie sich an, was das Popol Vuh weiter zu sagen hat. In den folgenden Versen belauschen wir die Konferenz der Ingenieure, nachdem sie verschiedene Tierarten auf der Erde erschaffen haben:

»Lasst es uns noch einmal versuchen. Lasst uns diejenigen erschaffen, die unsere Avatare sein werden, und diejenigen, die für uns Nahrung produzieren werden. So beschlossen die (In-

genieure), den Menschen zu erschaffen. Aus roter Erde formten sie sein Fleisch ...«

In den Versen der Genesis finden sich die Details des »Lasst uns« und des »aus Erde geformt« wieder. Die mesopotamischen Tafeln wiederholen dieselben Motive zusammen mit dem Zweck der Menschen, den Mächtigen/Oberen/Ingenieuren zu dienen und sie mit Nahrung zu versorgen.

»Aber als sie ihn gemacht hatten, sahen sie, dass es nicht gut war ... Der Mensch war mit Sprache ausgestattet, hatte jedoch keine Intelligenz ... Wieder berieten sich die (Ingenieure). Es wurde nun beschlossen, einen Mann ... und eine Frau ... zu schaffen, aber das Ergebnis war keineswegs zufriedenstellend ... Sie existierten und vermehrten sich, hatten jedoch weder Herz noch Verstand noch Erinnerung an ihre (Ingenieure). Sie führten ein nutzloses Leben und lebten wie die Tiere. Sie waren nur ein Versuch, Menschen zu erschaffen.«

Diese menschenähnliche Bevölkerung wird dann angegriffen, zerstreut und fast ausgelöscht, »bis auf einige wenige ihrer Nachkommen, die jetzt als kleine Affen in den Wäldern leben«. Es ist merkwürdig, dass diese Beinahe-Ausrottung durch Angriffe von Tieren und durch eine Flut erreicht wird. Noch merkwürdiger ist, dass das Popol Vuh die Überreste der frühen Versionen der Menschheit mit kleinen, affenähnlichen Kreaturen identifiziert, die im Wald leben. Die Schöpfungserzählung des Popol Vuh stellte diese Verbindung Jahrhunderte vor Charles Darwin und dem, was wir als Evolutionsgeschichte kennen, her.

»Noch einmal berieten sich die (Ingenieure), und der Schöpfer und Gestalter schuf vier vollkommene Menschen ... Sie hatten weder Vater noch Mutter. Beide wurden nicht von den gewöhnlichen Ausführenden des Schöpfungswerkes geschaffen,

sondern ihr Entstehen war das Ergebnis eines außergewöhnlichen Wunders, eines direkten Eingriffs des Schöpfers.

Nun konnten die (Ingenieure) auf Wesen blicken, die ihrer Herkunft würdig waren – die vier Urahnen des Menschengeschlechts, stark und gut aussehend. Sie hatten eine klare Sicht und sahen alle Dinge – groß und klein – auf der Erde und in den Himmeln.

Aber das gefiel den (Ingenieuren) nicht. Sie waren über das Ziel hinausgeschossen. ›Was machen wir jetzt mit den Menschen?‹, sagten sie. ›Sie sind wie Götter geworden. Sie haben Verstand. Sie werden sich nicht mehr unterordnen wollen. Sie werden sich uns gleichstellen wollen. Lasst uns also ihr Sehvermögen einschränken.‹ So hauchten sie eine Wolke über die Pupillen der Menschen … und ihre Sicht wurde verdunkelt.«

Eine weitere merkwürdige Gemeinsamkeit mit den anderen Schöpfungsberichten ist die Interaktion zweier mächtiger Wesenheiten. Der CEO im Popol Vuh wird als »Herz des Himmels« bezeichnet. Das entspricht dem »Herrn der Lüfte« Enlil aus den sumerischen Keilschrifttexten. Im Popol Vuh wird dessen Stellvertreter als »Gefiederte Schlange« bezeichnet *(Quetzalcoatl* oder *Totilor* in den Maya-Versionen oder *Kukulkan* in den Inka-Geschichten). Die Entsprechung zur Gefiederten Schlange ist Enki, der Stellvertreter oder Erste Offizier Enlils im Rat der Oberen in den sumerischen Tafeln, der einen Bezug zur Schlange in der Genesis hat. Sowohl im Popol Vuh als auch in den sumerischen Schöpfungserzählungen ist es der Erste Offizier, durch dessen Initiative die Menschen nach einer Reihe von Experimenten ihre endgültige Gestalt erhalten.

In der griechischen Mythologie finden sich diese Themen in der Geschichte von Zeus und Prometheus wieder. Zeus ist der Götterchef, der in erhabener Überlegenheit auf dem Berg Olympus lebt. Eines Tages erfährt er, dass Prometheus – einer seiner Unter-Götter – eigenmächtig die Fähigkeiten der Menschen verbessert hat (insbesondere im Bereich der Technologie). Wie die Schlange in der Genesis gilt Prometheus als raffinierter Betrüger, der immer wieder Streit mit seinem Chef hat. Wie Enki in den sumerischen Tafeltexten wird Prometheus mit Weisheit, Wissenschaft und Technologie in Verbindung gebracht. Wie Enki und die Gefiederte Schlange des Popol Vuh wird Prometheus mit der praktischen Arbeit assoziiert, die Menschen aus ihrem primitiven, tierähnlichen Zustand herauszuholen und mit größeren Fähigkeiten auszustatten.

Zeus hält die Verbesserung der Menschen durch Prometheus für unklug und für eine potenzielle Bedrohung der rechten Ordnung zwischen »Göttern« und Menschen. Daher verlangt er von Prometheus, dass er die intellektuellen Fähigkeiten der Menschen reduzieren soll, damit sie nicht in der Lage sind, die Technologien nachzubauen, die Prometheus ihnen zugänglich gemacht hatte. Dann bestraft er Prometheus mit ewigen Qualen, als Mahnung an alle und um seine Autorität wiederherzustellen.

In der griechischen Version der Geschichte ist es ebenfalls der oberste Chef, der die Verminderung der menschlichen Fähigkeiten anordnet, und die rangniedrigere Entität, der die (dann wieder rückgängig gemachte) Verbesserung zugeschrieben wird. Es ist ein merkwürdiges Motiv, das sich von Kultur zu Kultur wiederholt. Die Wiederholung kann kein Zufall sein. Aber wie hängen diese Berichte zusammen?

Im Popol Vuh wird der Erste Offizier, der eine so wichtige Rolle bei der Entwicklung und Veredelung der Menschen spielt, bildlich als gefiederte Schlange dargestellt. Insofern ist es faszinierend, dass Wesen mit großen, starken, menschenähnlichen Körpern, schuppiger Haut, Federn und vogelähnlichen Köpfen wiederholt auf den Steinreliefs und in den schriftlichen Mythologien vieler Kulturen der Welt auftauchen. Berossos' griechischer Bericht über die babylonische Mythologie beschreibt den schuppigen Oannes und die Apkallu. Ähnliche Wesen tauchen in den Überlieferungen Boliviens, Ecuadors, Indiens, Tibets, Japans, Thailands, Indonesiens und in der Kunst und Literatur der Mayas, Azteken und Olmeken im alten Mexiko auf, die alle den gleichen geheimnisvollen Gegenstand tragen: eine Art Eimer oder Beutel.

Diese Wesen – die mächtige Schlange in der Genesis, der sumerische Enki und die gefiederte Schlange des Popol Vuh – sind daran beteiligt, das menschliche Experiment voranzutreiben und insbesondere die intellektuellen Fähigkeiten der Menschen zu verbessern. Das vielleicht wichtigste Muster, das sich in der Genesis, auf den Keilschrifttafeln und im Popol Vuh wiederholt, ist die Entstehung des modernen Menschen als Ergebnis einer Reihe von Experimenten, die eine allmähliche, stufenweise Entwicklung bewirken.

Das Popol Vuh beschreibt die Erschaffung der Menschen aus weißem und gelbem Mais. Die Maya waren das Volk des Mais.

In der Vergangenheit wurde dieses Motiv als reine Metapher verstanden, als eine künstlerische Verzierung, die die Verehrung widerspiegelt, die die Maya dem Mais entgegenbrachten, eine Würdigung seiner Bedeutung für ihr Überleben. Neuere Forschungen ergänzen diese landwirtschaftliche Thematik um eine zusätzliche Bedeutungsebene. Zweifellos war die Entwicklung von Mais als landwirtschaftlich genutztes Getreide entscheidend für die Entstehung der Maya-Zivilisation. Aber das Bild, das sich nun ergibt, geht tiefer und offenbart eine weit größere Dimension.

Vor zwanzig Jahren führten Wissenschaftler der Agrarwirtschaftshochschule in Ås, Norwegen, und des Max-Planck-Instituts in Köln eine Untersuchung durch. Sie fanden ein Gebiet im Fruchtbaren Halbmond in der Nähe des Karacadağ-Gebirges in der Südosttürkei, in dem eine ganze Reihe von kultivierten Nahrungsmitteln zum ersten Mal angebaut wurden – und das innerhalb eines sehr kurzen Zeitabstands. Zu diesen Nahrungsmitteln gehören Weizen, Gerste, Erbsen, Linsen, Bohnen, Kichererbsen, Weintrauben, Oliven, Flachs und Linsen-Wicke. In unmittelbarer Nähe fanden sich Hinweise auf die früheste Domestizierung von Schafen, Schweinen, Ziegen und Rindern.

Bruce D. Smith, Direktor des Archäobiologie-Programms am Smithsonian's National Museum of Natural History, sagte über die Entdeckung: »Es handelt sich um eine bemerkenswerte Menge von Pflanzen- und Tierarten, die alle in einem relativ kleinen geografischen Gebiet sehr früh domestiziert wurden – ein außergewöhnlicher Jackpot.«

Niemand weiß, wer diese Pflanzen zuerst angebaut hat. Die Forscher spekulieren, dass es eine einzelne Gemeinschaft, vielleicht eine einzelne Familie, gewesen sein könnte, die als erste wie zufällig auf die Idee kam, Landwirtschaft zu betreiben. Die Analyse der DNA der Mutterpflanzen durch das Team ergab, dass nur ein oder zwei Gene verändert werden mussten, um den alten wilden Weizen in eine Nutzpflanze zu verwandeln. Und das genügte, um den ersten regelmäßigen Anbau von Pflanzen zu starten. All diese Innovationen fanden in diesem Teil der Welt offenbar ungefähr zur gleichen Zeit statt – unmittelbar nach dem Ende der letzten Eiszeit.

Der Ackerbau kam sicherlich auch an anderen Orten schnell auf, und zwar nicht lange nach den Veränderungen in der Südosttürkei. Aber das plötzliche Auftreten und die enge lokale Begrenzung der Veränderung bei diesen speziellen Pflanzen deutet auf eine unglaubliche Abfolge von technischen Fortschritten hin, die schwer zu erklären ist. Der Leiter des Forschungsteams, Manfred Heun von der norwegischen Agrarwirtschaftshochschule, sagte 1997 in einem Interview der Zeitschrift *Science* zu den Forschungsergebnissen: »Ich kann es nicht beweisen, aber es ist möglich, dass ein einziger Stamm oder eine Familie die Idee hatte.«

Vielleicht. Oder war da jemand, der uns half? Schauen Sie sich das Timing an. Dieser jähe Fortschritt beim Anbau von Feldfrüchten, der die Entwicklung von Städten und einer fortschrittlichen Zivilisation ermöglichte, ereignete sich direkt nach der letzten Eiszeit, in jener kritischen Erholungsphase, in der die Dinge so leicht hätten anders laufen können und die Menschheit verzweifelt eine helfende Hand brauchte, um wieder auf die Beine zu kommen.

Bevor wir uns zu sehr auf diesen einen Moment fixieren, sollten wir bedenken, dass dieser unglaubliche Sprung in der Landwirtschaft der Beginn *unserer* Zivilisation war – und nicht etwa aller Zivilisationen.

Unter den Meeren Indiens und Japans, unter dem Geröll im türkischen Göbekli Tepe und versteckt in den Canyons des Clovis-Volkes in Nordamerika liegen die Beweise *früherer* technologischer Zivilisationen, die durch eine Naturkatastrophe untergingen, lange bevor die Gemeinschaft von Karacadağ begann, die Nahrungsmittel zu kultivieren, die wir heute noch essen.

Die Erkenntnis, dass fortschrittliche Zivilisationen, die unserer eigenen ähneln, ausgelöscht werden können, ist beunruhigend. Die letzte Eiszeit erinnert uns daran, dass der Klimawandel so etwas bewirken kann. Das durch den Clovis-Kometen ausgelöste Massensterben erinnert uns daran, dass kosmische Faktoren wie Asteroiden oder Sonneneruptionen es bewirken können. Im zwanzigsten Jahrhundert musste unsere heutige Zivilisation lernen, dass wir uns auch mit unserer eigenen Technik auslöschen können.

Im Buch Prediger heißt es: »Was geschehen ist, wird wieder geschehen, was getan wurde, wird man wieder tun: Es gibt nichts Neues unter der Sonne. Zwar gibt es bisweilen ein Ding, von dem es heißt: Sieh dir das an, das ist etwas Neues – aber auch das gab es schon in den Zeiten, die vor uns gewesen sind. Nur gibt es keine Erinnerung an die Früheren und auch an die Späteren, die erst kommen werden, auch an sie wird es keine Erinnerung geben bei denen, die noch später kommen werden.« (Prediger 1,9-11)

Wenn wir wirklich daran glauben, dass frühere Zivilisationen einfach so ausgelöscht wurden, frage ich mich, ob wir als Zivilisation nicht etwas anders leben würden? Würden wir glauben, dass unsere Zivilisation genauso anfällig für zufällige Einschläge von Himmelskörpern ist wie frühere, müssten wir doch eigentlich alles daran setzen, die technologischen Vorstellungen aus Filmen wie *Deep Impact* und *Armageddon* in die Tat umzusetzen. Warum also räumen wir nicht der Weiterentwicklung unserer Raumfahrtechnik eine höhere Priorität ein?

Der berühmte Astrophysiker Carl Sagan schrieb: »Da auf lange Sicht jede planetarische Zivilisation durch Einschläge aus dem Weltraum gefährdet ist, besteht geradezu ein Zwang, Raumfahrt zu betreiben – nicht aus Entdeckergeist oder romantischem Eifer, sondern aus dem praktischsten Grund, den man sich vorstellen kann: um zu überleben … Wenn unser langfristiges Überleben gefährdet ist, haben wir eine grundlegende Verantwortung gegenüber unserer Spezies, uns in den Weltraum hinauszuwagen.«

Was wäre, wenn wir glauben würden, dass wir nichts gegen die Fragilität unserer Existenz tun können? Würden wir der gemeinsamen Nutzung und Entwicklung neuer Technologien, die uns vom Planeten wegbringen, neue Priorität einräumen? Würden wir uns mehr Gedanken über unsere Lebensqualität als Zivilisation machen? Würden wir mehr in unsere Art des Seins und unsere Beziehung zum Ewigen investieren?

Zweifellos ist unsere Zivilisation sehr verletzlich. Sie und ich sind täglich von allen möglichen Technologien abhängig, die wir zu nutzen wissen, die aber niemand von uns selbst herstellen kann. Versetzen Sie sich in Gedanken einmal in eine postapokalyptische Welt. In einer solchen Welt würden wir schnell herausfinden, wie viele grundlegende Technologien wir zum Wiederaufbau unserer Zivilisation benötigen würden.

Heute zeichnen archäologische Stätten und Artefakte, die von älteren, vergessenen Zivilisationen zeugen, ein Bild, in dem die Entstehung der Landwirtschaft in Karacadağ keine Geschichte der Ursprünge, sondern eine Geschichte der Wiederherstellung ist – ein Neubeginn des *Homo sapiens* nach seiner Beinahe-Ausrottung. Wenn es jemals eine Zeit gab, in der die Menschheit eine helfende Hand von interstellaren Nachbarn brauchte, dann war es sicherlich dieser Moment.

Aus der sumerischen und babylonischen Mythologie geht hervor, dass es die helfende Hand des Himmelsvolkes war, die die Kulturpflanzen veränderte und der menschlichen Gesellschaft das technische Know-how für deren Anbau vermittelte. Auf den babylonischen Tafeln lehrt eine Frau aus dem Himmelsvolk die Menschen den Anbau von Pflanzen und schenkt ihnen Brot und Bier – zwei Nahrungsmittel, die aus angebautem Getreide gewonnen werden.

Das Popol Vuh spricht von der Erschaffung des Menschen aus dem Mais. Die Maya waren das Maisvolk. Ein weiteres Echo findet sich in der Schöpfungsgeschichte des Zulu-Volkes, in der eine weibliche Gottheit, Mbab Mwana Waresa, dafür gepriesen wird, dass sie den ersten Menschen half, sich zu etablieren. Sie lehrte die erste menschliche Gemeinschaft, wie man Landwirtschaft betreibt und Bier herstellt.

Das alles kann wohl kaum bloßer Zufall sein.

Die jähe genetische Veränderung von Getreide zur selben Zeit, als plötzlich frühe Zivilisationen auf der Bildfläche erscheinen, wirft eine faszinierende Frage auf – die nach der Henne oder dem Ei. Und dass es ausgerechnet in der entscheidenden Zeit des großen Wiederaufstiegs der Menschheit nach den Katastrophen geschieht, war eine Entdeckung, die meine Aufmerksamkeit erregte. Sie brachte mich dazu, über die Langlebigkeit der Erinnerung nachzudenken und darüber, wie sie in unseren Erzählungen von Generation zu Generation, von Kultur zu Kultur, von Mythologie zu Fiktion zu Filmgeschichte immer wieder auftaucht. Ich habe mich gefragt, ob unsere alten Schöpfungsmythen tatsächlich die Narben alter Traumata sind – eine seltsame Verschmelzung von dem, woran wir uns erinnern, mit dem, was wir vergessen haben. Und ich frage mich, ob nicht selbst die blumige, metaphorisch klingende Sprache von Erzählungen wie dem Popol Vuh eine größere Erinnerungstiefe enthält, als wir uns je vorgestellt haben.

7

Die Erinnerung an uns

Es ist ein erstaunliches Privileg, zu den Füßen der Ältesten und Geschichtenerzähler unserer Vorfahren zu sitzen. Vielleicht ist es besser, erst einmal respektvoll zu zögern, bevor wir in dieses Territorium hineinwaten, als würden wir es bereits völlig verstehen. Andererseits machen wir unser Leben ärmer, wenn wir das, was uns in diesen alten Erzählungen gezeigt wird, ignorieren oder gar nicht erst versuchen, es zu verstehen.

Bis vor kurzem bestand die allgemeine Tendenz darin, Mythologie als eine Mischung aus Fiktion und moralischer Erzählung zu betrachten. In den Glaubensgemeinschaften gibt es oft einen Sog in die entgegengesetzte Richtung, hin zu einer fundamentalistischen Interpretation, die die Texte so wörtlich wie möglich liest. Jeder Prediger kennt den subtilen Tanz, der durch das Vorhandensein dieser polaren Gegensätze in jeder Gemeinde entsteht.

Als ich meine Reise durch die Genesis, das Popol Vuh, die Keilschrifttexte und andere Berichte fortsetzte und all die Parallelen und Korrelationen feststellte, wuchs mein Gefühl, dass selbst die metaphorischsten Mythen sich als Vehikel der alten Erinnerung erweisen könnten.

In einer Plural-*Elohim*-Lesart der Genesis, in den Keilschriften von Mesopotamien und im Popol Vuh von Mesoamerika ist eines der Themen, die immer wieder auftauchen, die Behauptung, dass der moderne Mensch durch Interaktion mit einer anderen Intelligenz entstanden ist und dass unsere Evolution künstlich und stufenweise erfolgte.

Der Bericht des Popol Vuh stimmt mit der sumerischen Geschichte überein, die mit der Entwicklung von männlichen Avataren oder Sklaven für die höheren Wesen beginnt. Erst in einem späteren Stadium wird die Menschheit so verändert, dass sie zu einer vollwertigen, fruchtbaren männlichen und weiblichen Spezies wird, die ihren eigenen Weg geht. Im Popol Vuh, ebenso wie auf den mesopotamischen Tafeln und in der Genesis, werden wir Menschen schließlich zu einer Spezies, deren Fortschritt bei den überlegenen Wesen Ängste auslöst. Im Popol Vuh berufen die Ingenieure eine dringende Konferenz ein, um das Problem zu besprechen. Dabei sagen sie, was die *Elohim* im Buch Genesis sagen: »Jetzt sind sie wie wir geworden!«

Als wäre diese Korrelation nicht schon genug, berichten die Ältesten des Efik-Volkes in Nigeria, dass ihre Götter am Anfang genau dasselbe Gespräch führten. Die Efik schildern die Geschichte eines ersten Menschenpaares, das von zwei mächtigen, schöpferischen Himmelswesen – Abassi und Atai – erschaffen wurde.

Am Anfang waren die Menschen wie Kinder. Ihr Einsichtsvermögen und ihr Intellekt waren einfach und unschuldig. Da sie nicht einmal in der Lage waren, sich selbst zu ernähren, waren sie auf das Himmelswesen Abassi und seine

Frau Atai angewiesen, um ihre Bedürfnisse zu befriedigen. Und anfangs geben sich die Menschen damit zufrieden, auf diese Weise versorgt zu werden.

Doch nach einer gewissen Zeit kommt der Tag, an dem die Menschen es leid sind, in der Wohnstatt der Himmelswesen zu leben. Sie fühlen, dass sie bereit sind, auf der Erde zu leben. Abassi hat jedoch Bedenken gegen diesen nächsten Schritt. Er sieht die Erde als einen Ort, an dem Wissen und Intelligenz der Menschen wachsen und reifen werden. Er befürchtet, dass die Menschen sich zu sehr entwickeln und sich dann mit seiner Weisheit messen werden. Beunruhigt berät er sich mit seiner Frau. Er sagt ihr, er wolle nicht, dass die Menschen »uns gleich« werden.

Atai sinnt über die Angelegenheit nach und findet einen Kompromiss. Die Menschen sollen tagsüber auf der Erde leben, müssen aber jeden Abend in ihr Zuhause bei den Himmelswesen zurückkehren, um zu essen und zu ruhen.

In diesem Stadium ist es den ersten Menschen verboten, zu heiraten, Kinder zu bekommen, zu jagen oder Landwirtschaft zu betreiben. Diese Grenze wurde gesetzt, um zu verhindern, dass die Menschen eine Nation hervorbringen, die stark genug ist, um die Macht der Himmelswesen herauszufordern.

Aber nach einer gewissen Zeit hat die Frau es satt, wie ein Kind behandelt zu werden. So weigert sie sich eines Tages einfach, mit dem Mann in das Zuhause von Abassi und Atai zurückzukehren.

Als der Mann die Frau das nächste Mal sieht, trifft er sie bei der Feldarbeit an. Sie hat gelernt, Landwirtschaft zu betreiben und baut ihre eigenen Lebensmittel an. Der Mann ist beeindruckt von ihrer Weisheit und Unabhängigkeit und beschließt, ihr zu helfen. Die beiden verlieben sich bald ineinander und kehren nie wieder zur Himmelsbasis zurück.

Nach vielen Jahren sind die Menschen ein großes Volk, das auf der Erde lebt und auf den Feldern arbeitet.

Eines Tages geht Abassi hinunter zur Erde und auf die Felder, wo er entsetzt ist über das, was er vorfindet. Die Anzahl der Menschen ist erheblich gestiegen – und auch ihre Intelligenz. Abassis Befürchtungen haben sich bewahrheitet.

Als er in den Himmel zurückkehrt, teilt Abassi seine Bedenken mit Atai. Atai entwirft nun einen Notfallplan. Um die menschliche Entwicklung zu bekämpfen, schickt sie Tod und Leid in die Welt und sorgt dafür, dass sich die Menschen in einem ständigen Konflikt befinden. Der erste Mann und die erste Frau sterben sofort. Und ihre Nachkommen? Sie erleben seither Konflikte und Leid auf der Erde.

Die Anzahl der Übereinstimmungen zwischen der Efik-Erzählung und den drei Mythologien, die wir bereits verglichen haben, ist wirklich erstaunlich.

Die Ältesten der Efik singen uns ein Lied mit vielen bekannten Noten. Ihre Geschichte erzählt von einer inszenierten Entwicklung menschlicher Wesen, die von mächtigen Himmelswesen geschaffen wurden. Diese Wesen beginnen das Experiment mit nicht-selbstbewussten, nicht-sexuellen Wesen, die wie Tiere eingepfercht und verpflegt werden müssen. Eine weitere Übereinstimmung besteht darin, dass dem Mann von der Frau Nahrung, Selbsterkenntnis und intellektueller Fortschritt angeboten werden – gegen den Willen ihrer Schöpfer. Diese Initiative führt dazu, dass die Menschen Nachkommen zeugen. Und sie werden von den Himmelswesen bestraft. Eine Parallele nach der anderen.

Das seltsame Motiv der Bedrohung durch die hohe Anzahl der Menschen findet sich in den sumerischen Erzählungen wieder, und Atais grausame Reaktion in der Efik-Geschichte erinnert an die Begrenzung der Lebensdauer der Menschen, die Massentötung durch die große Flut und die Zersplitterung der Babel-Zivilisation.

In allen vier Schöpfungsberichten stellen sich die Schöpfer gegen den menschlichen Fortschritt. Es ist ein seltsames Motiv, und es ist schwer vorstellbar, in wessen Interesse eine solche Geschichte entstanden sein sollte. Niemand in diesen Geschichten wird verherrlicht oder kommt sonderlich gut weg.

Auch in der Maya-Geschichte des Popol Vuh zeigen die Ingenieure diese Angst vor dem menschlichen Fortschritt und greifen entschlossen ein, um die Fähigkeit der Menschen zu begrenzen, ihren Herren zu viel Ärger zu machen! Die Ingenieure erreichen das, indem sie Sehkraft und Begriffsvermögen der Menschen reduzieren. Der dritte Versuch der Ingenieure, Menschen zu konstruieren, hatte Menschen hervorgebracht, die in der Lage waren, über die Grenzen der irdischen, physischen Realität hinauszublicken. Um die Menschen besser beherrschbar zu machen, schalten die Ingenieure diese höhere Fähigkeit aus. Das ist die letzte Optimierung des menschlichen Zustands, wie sie im Popol Vuh beschrieben wird.

Es gibt eine beunruhigende Parallele in der Genesis-Geschichte über den Turmbau zu Babel. In dieser Erzählung hat sich die menschliche Gesellschaft nach einer großen Katastrophe – der Sintflut – erholt und sich so weit wieder aufgebaut, dass in Mesopotamien, in der Region Sumer, eine große Stadt entstanden ist. Zu dieser Stadt gehörte ein Turm mit einem Sternentor. Sichtlich beunruhigt durch diese neueste technologische Errungenschaft der Menschen, beraten die Mächtigen im Rat darüber, was getan werden soll, um die sich rasant entwickelnden Fähigkeiten der menschlichen Spezies wieder unter Kontrolle zu bekommen.

»Wenn sie das bewerkstelligen können«, sagen die Mächtigen, »wird ihnen künftig nichts mehr unmöglich sein.«

Bemerkenswert ist, dass mir die abgrundtiefe Grausamkeit des Babel-Ereignisses in der Genesis erst so richtig bewusst wurde, als ich in der Maya-Geschichte von der Ausschaltung unserer höheren Fähigkeiten durch die Ingenieure las. Wenn wir die biblischen Erzählungen als Gottesgeschichten lesen, sind wir darauf programmiert, ziemlich monströse Handlungen zu ignorieren oder zu entschuldigen – weil sie als Handlungen eines heiligen Gottes verstanden werden. Denn Gottes Wege sind doch sicherlich höher als unsere, nicht niedriger! Doch sobald wir die Geschichten als Handlungen von mächtigen, aber keineswegs göttlichen Wesen begreifen, wird die Niedertracht ihrer Handlungen sofort mit schockierender Klarheit sichtbar. Plötzlich ist Völkermord nichts anderes mehr als Völkermord – ein Racheakt ist nichts anderes als ein Racheakt.

Die aktuelle Version der Geschichte von Babel in der Genesis wird so erzählt, als hätten wir es mit einer Aktion des einen Gottes, Jahwe, zu tun. Doch wir haben die Pluralformen, die Sprache, die darauf schließen lässt, dass hier eine Gruppe gemeinsam beratschlagt, die dann beschließt, »herniederzufahren und ihre Sprache zu verwirren«. Das alles weist darauf hin, dass es sich in Wirklichkeit um eine weitere *Elohim*-Geschichte handelt – was ja auch einleuchtet, da sie zeitlich Jahrhunderte vor der Begegnung Moses mit Jahwe angesiedelt ist. Der Redaktor – unser Freund, der Jahwist – hat offenbar nicht viel mehr getan, als den heiligen Namen in eine der älteren *Elohim*-Geschichten einzufügen.

Gemäß unseren Mainstream-Bibelübersetzungen ist die göttliche Strafe, die den Menschen auferlegt wird, Gottes Vergeltung für das schreckliche Verbrechen, gegen die göttlichen Bauvorschriften verstoßen und ein zu hohes Gebäude errichtet zu haben, und für die Anmaßung, den Himmel erreichen zu wollen. So gelesen, müsste man die Geschichte von Babel zwangsläufig für eine bizarre Überreaktion Gottes halten. Ganz zu schweigen davon, dass wir inzwischen noch viel höhere Gebäude errichtet haben, ohne dass es deswegen zu einem neuerlichen göttlichen Wutausbruch gekommen wäre. Also stimmt mit diesem Bild eindeutig etwas nicht.

Sogar in unseren herkömmlichen Übersetzungen findet sich ein Hinweis darauf, dass nicht alles so ist, wie es scheint. *Was genau bedeutet es denn, dass die Spitze des Turms »bis in den Himmel reichen« soll?*

Wie ich bereits erwähnte, deutet eine engere Übersetzung des Wortes *Babel* darauf hin, dass in dem Turm ein Sternentor eingerichtet werden soll, das es den Menschen buchstäblich ermöglichen wird, »den Himmel zu erreichen«. Diese Nuance bestätigt sich, wenn man sie mit der keilschriftlichen Erzählung der Geschichte vergleicht, in der dreihundert Beobachter von Babel aus zu ihren Raumstationen geschickt werden.

Die Texte sagen uns, dass es die in dem Turm von Babel installierten Technologien sind, die der Rat der Mächtigen sabotieren will. Sie wollen nicht, dass die Menschen auf dieser Ebene operieren. Sie wollen es nicht mit einer raumfahrenden menschlichen Spezies zu tun bekommen, und daher beschließt der Rat, die gesamte menschliche Zivilisation auszuschalten.

Im Drama von Babel sehen wir, wie eine hoch entwickelte, technologische Gesellschaft völlig zerstört wird, weil die Mächtigen eingreifen, um den menschlichen Fortschritt zu stoppen. In einem gefühllosen und gewalttätigen Akt setzen die Mächtigen der menschlichen Zivilisation ein weiteres Mal ein Ende. Diesmal tun sie es, indem sie den Menschen die Fähigkeit der gesprochenen Sprache rauben. Als würden sie bei der Menschheit einen kollektiven Schlaganfall auslösen, fuhren die Mächtigen die Standardeinstellungen unserer Gehirne herunter, und zwar so sehr, dass sogar unsere Fähigkeit zu sprachlicher Verständigung ausgelöscht wurde und wir in einen fast animalischen Zustand zurückfielen.

Überall auf der Welt finden wir die Überreste von Städten aus vergangenen, vergessenen Zivilisationen. Wir fragen uns, was die Ursache für das Scheitern dieser Zivilisationen war. Warum überlebten sie nicht? War es eine Seuche, eine Flut, Feuer, Hungersnot, der Klimawandel oder ein nuklearer Fallout? Im Fall von Babel in Mesopotamien liefert uns die Genesis die Antwort. Die Bevölkerung erlitt den brutalen Angriff einer ihr technisch überlegenen und alles andere als wohlwollenden Spezies.

Es war ein Akt unaussprechlicher Gewalt. In Babel werden wir Zeuge einer Attacke, die das neurologische Äquivalent dazu ist, eine menschliche Kultur zurück in die Steinzeit zu bomben. In diesem Moment ging die Kontinuität der biblischen Zeitlinie verloren. Welcher Wissensaustausch, welche Rechtsprechung, welche Literatur oder Technologie war von diesem Zeitpunkt an ohne gemeinsame Sprache überhaupt noch möglich?

Die biblischen Schöpfungsberichte brechen genau an diesem Punkt ab. Es passiert nichts weiter, bis in einem völlig anderen Zeitalter Abraham und Sara aus Sumer auftauchen.

Sie sind Kinder jener frühen Kultur, der man die Entwicklung von Schrift, Zeitmessung, Buchführung, Landwirtschaft, Technologie, Gesetzgebung und Städtebau zuschreibt – oder besser gesagt, die Wieder-Entwicklung. Die Keilschrift wurde als Methode zur Transkription der Vielfalt der Sprachen, die es heute auf der Welt gibt, entwickelt. All das geschah auf der Asche derselben Ebene im Lande Schinar, wo die Entwicklung der menschlichen Spezies lange Zeit zuvor schon einmal brutal gestoppt worden war.

Abrahams und Saras Reise, die in Sumer beginnt, spielt sich in der Welt ab, wie wir sie kennen – auch wenn die Mächtigen noch immer präsent sind. Wenn wir uns mit der Welt vor der Zeit dieser beiden Ureltern unseres religiösen Glaubens befassen wollen, müssen wir alles, was wir über den Planeten Erde, die Menschen und Gott bislang zu wissen glaubten, auf den Prüfstand stellen. Wir müssen eine Menge Erinnerungsarbeit leisten.

Und wenn wir jemals einen Hinweis darauf brauchten, dass die Mächtigen/Himmelswesen/Ingenieure dieser *»Welt vor langer Zeit«* nicht nur die literarischen Projektionen eines Gottes der Liebe waren, dann brauchen wir nur die unglaubliche menschenfeindliche Gewalt von Babel neben die Gewalt der Sintflut und die Gewalt des Sündenfalls zu stellen. Da haben wir mehr als genug Hinweise. Diese drei schrecklichen Ereignisse waren Angriffe, die sich direkt gegen den Fortschritt der menschlichen Gesellschaft richteten.

Wir müssen unser Bild des wahren Gottes davor bewahren, mit den höchst lieblosen Taten der Mächtigen verwechselt zu werden. Genau dazu ruft Josua uns auf: *»Lasst fahren die Mächtigen, denen eure Väter jenseits des Stroms [in Sumer, in der Zeit vor Abraham und Sara] gedient haben. Dient dem HERRN [Jahwe]* *und erkennt, dass er euer Gott ist!«* Wenn wir die Wahrheit Gottes mit den Geschichten der Mächtigen verwechseln, bringen wir unseren Gott mit ihren monströsen Taten in Verbindung.

Die Handlungen der Mächtigen/Himmelswesen/Ingenieure offenbaren sie als vielschichtige Wesen – manche durchaus gutartig, andere weniger. Wir sehen, dass sie die Menschen so behandelten, wie wir das Vieh auf einem Bauernhof behandeln würden, oder wie menschliche Herren ihre Sklaven behandelten.

Solche Vergleiche hinterlassen einen unangenehmen Beigeschmack. Unsere Mythologien sind keine netten Fabeln, die wir unseren Kindern erzählen können, um sie zu ermutigen, gut und fromm zu sein. Die Geschichten selbst zwingen uns, diesen Mythen auf andere Art zuzuhören und neu über die Wissensfragmente nachzudenken, die uns in den frühesten schriftlichen Aufzeichnungen der Menschheit von unseren Urahnen hinterlassen wurden.

Wir können Geschichten, die so viele gemeinsame Motive aufweisen, nicht so lesen, als seien sie frei erfundene Allegorien, die sich nur zufällig von Kultur zu Kultur parallel entwickelten. Andererseits lässt sich eine fundamentalistische Lesart unserer Mythologien nur aufrechterhalten, wenn man alle Anomalien und Ungereimtheiten ignoriert.

Schon allein meine Lektüre dieser Mythologien während der Monate meines erzwungenen Rückzugs in die Abgeschiedenheit genügte, um den Bann der Dialektik von Fabel *und* Fundamentalismus zu brechen, mit der wir so oft an unsere Schöpfungserzählungen herangehen. Als ich die Bezugspunkte, die zwischen den Mythologien bestehen, miteinander verknüpfte, erkannte ich, dass das einheitliche Auftauchen der gleichen höchst sonderbaren Elemente in all diesen Schöpfungsgeschichten einfach kein Zufall sein kann und nur dadurch zu erklären ist, dass sich in ihnen ein allen gemeinsamer, uralter kollektiver Erinnerungsschatz offenbart. Ich würde es als kollektives Trauma bezeichnen, denn unsere Mythologien scheinen uns die erschreckendsten Aspekte unserer ursprünglichen Reise ins Dasein ins Gedächtnis zu rufen. So ist das mit Erinnerungen nun einmal.

Wenn es sich bei diesen Geschichten nicht um das schriftliche Festhalten alter Erinnerungen handelt, welchem Zweck sollten sie wohl sonst dienen? Warum sollten die Menschen solche erniedrigenden, demütigenden Geschichten über sich selbst erfinden? In ihnen wird niemand verherrlicht. Derartige Berichte über die Zerstörung einstiger technisch hochstehender Zivilisationen verherrlichen nicht den wahren Gott. Sie verherrlichen auch nicht die Mächtigen, die Himmelsmenschen, die Ingenieure oder irgendwelche menschlichen Machteliten. Sie liefern auch keine inspirierende oder motivierende Erklärung für die Existenz der menschlichen Rasse. Letztlich gibt es für niemanden einen guten Grund, so etwas als Mythos der Entstehung der eigenen Kultur zu erfinden.

Jedes indigene Volk hat in seiner Kultur großen Wert auf heilige Erzählungen gelegt. Ich glaube, dass sie von Generation zu Generation der Nachwelt überliefert werden – für jeden, der Ohren hat zu hören. Es ist die Erinnerung an *uns* – daran, wer wir sind und woher wir kommen.

Wenn wir uns auf diese Möglichkeit einlassen, müssen wir die lange und komplexe Zeitachse der menschlichen Entwicklung Revue passieren lassen und uns fragen: *Wie lange ist es her, dass die Ingenieure ihre Arbeit taten?* Können wir das herausfinden? Und gibt es irgendwelche greifbaren Beweise für eine höhere Intelligenz, die immer wieder episodisch in die menschliche Geschichte eingreift?

Über diese Frage dachte ich nach – aber nicht in meinem Container-Gartenhaus. Ich befand mich in einem weit entfernten Land und stand in der indischen Hauptstadt Delhi vor einer gut sechs Meter hohen Anomalie.

8

Materielle Beweise

Eine derartige Mauer aus Lärm hatte ich noch nie erlebt. Als ich 1976 das Flughafenterminal von Delhi betrat, war das ein Angriff auf die Sinne, und für einen kleinen Jungen, der aus England zu Besuch war, auch ein bisschen beängstigend. Wir waren als Gäste des Eigentümers von Air India in den indischen Subkontinent gereist, und diese guten Verbindungen trugen dazu bei, dass wir rasch durch das Menschengewimmel des Terminals zu einem wartenden Auto gelangten.

Wir hatten viele Gründe, uns darauf zu freuen, indischen Boden zu betreten. Es ist ein Land von erstaunlicher Schönheit und Vielfalt, voller Überraschungen und Herausforderungen. Als wir durch die Städte und Dörfer Indiens und Kaschmirs reisten, waren die Unterschiede in der physischen Umwelt, der baulichen Umwelt, der gastronomischen und sozialen Umwelt anregend und faszinierend.

Jeder Tempel hatte Türme, deren Spitzen mit Darstellungen von Vimanas – den alten Flugmaschinen aus den vedischen Schriften – verziert waren. Sie bildeten nur einen Teil der

Schichten von Botschaften und Erinnerungen, die in Indiens historischen Gebäuden verschlüsselt sind.

Die eiserne Säule in Neu-Delhi hatte ich schon einmal gesehen: sechseinhalb Tonnen extrem hochwertiges Schmiedeeisen, das von den Einheimischen als phänomenales Beispiel für die hochentwickelte Technologie im alten Indien gefeiert wird. Denn obwohl die Mehrauli-Säule irgendwann im vierten oder fünften Jahrhundert nach Christus errichtet wurde, weist sie kaum Anzeichen von Verfall oder Rost auf – so hochwertig ist das Eisen, aus dem sie besteht. An jenem Tag im Jahr 1976 war es im Qutb-Komplex, dem Gelände, auf dem die Säule steht, so ruhig, dass wir sie anfassen und ausprobieren konnten, ob wir unsere Arme um sie legen konnten, wenn wir uns mit dem Rücken gegen sie lehnten – ein lokaler Brauch, der Glück bringen soll!

Der Erhaltungszustand der Eisensäule war in der Tat bemerkenswert. Sie ist gut eineinhalb Jahrtausende alt, und seit mehr als der Hälfte dieser Zeit steht sie im Qutb-Komplex. Aber erst in der Zeit unseres damaligen Besuches Mitte der 1970er Jahre hatte die Mehrauli-Säule begonnen, mehr Besucher anzuziehen. Irgendetwas hatte den Strom der Pilger aus aller Welt zu ihr verstärkt. Dieses Etwas war die Erwähnung und ein Foto der Säule in einem Buch des Schweizer Forschers Erich von Däniken, das sich zu einem internationalen Bestseller entwickelt hatte. Und genau in diesem Buch hatte ich sie schon einmal gesehen.

Mit dem bahnbrechenden Werk *Erinnerungen an die Zukunft* begründete von Däniken ein ganzes Buchgenre über Besuche von Außerirdischen in der Frühzeit, Krypto-Paläontologie und alte Zivilisationen. Immer mehr Menschen beschäftigen sich seitdem mit Artefakten und Funden, die als Anomalien einfach nicht in unser konventionelles Geschichtsbild passen wollen. Die Glaubwürdigkeit der Beweise muss man auf einer Skala einordnen – sie ist nicht immer gleich hoch. Doch die Implikationen einiger dieser Daten bedeuteten eine unausweichliche Herausforderung für den Status quo unserer Geschichte. Vielleicht sind einige der Funde Erich von Dänikens eher Beispiele für reinen Glauben als für Wissenschaft. Wie es im Hebräerbrief heißt: *»Es ist aber der Glaube eine feste Zuversicht dessen, was man hofft.«*

Als wir von dem Ausflug zur Mehrauli-Säule in unser Hotel zurückkehrten, fragten wir uns, ob es sich bei ihr eher um einen Glaubensgegenstand oder einen echten Beweis handelte.

Auf einer Dinnerparty meiner Eltern begegnete ich Erich von Dänikens These aus *Erinnerungen an die Zukunft* zum ersten Mal. Für mich und meinen Bruder war es immer ein Vergnügen, bei diesen Veranstaltungen der Erwachsenen dabei sein zu dürfen. Meine Mutter und mein Vater zauberten stets die aufregendsten und experimentellsten Gerichte auf den Tisch und sorgten für lustige und anregende Gespräche mit unseren Gästen. Obwohl von Dänikens Buch bereits seit acht Jahren im Druck war, begann es gerade erst sein Leben als anregender und polarisierender Gesprächsstoff. Das ist es, woran ich mich von dieser Dinnerparty aus meiner Jugendzeit erinnere.

Nachdem mein Vater diese Idee einige Minuten lang am Esstisch erörtert hatte, kam er zu dem Schluss: »Ich kann mir gut vorstellen, dass ich das Produkt einer höheren Intelligenz bin, und ich kann mir gut vorstellen, dass diese hochintelligente Spezies eines Tages zurückkehren und mich als einen der ihren erkennen und mit nach Hause nehmen wird.«

Das war natürlich scherzhaft gemeint, und wir haben auch alle herzlich darüber gelacht.

Doch die Idee einer größeren interstellaren Gemeinschaft faszinierte mich. In diesem jungen Alter hatte ich bereits ein gewisses Misstrauen gegenüber den Konventionen der christlichen Religion entwickelt. Dieses Misstrauen wurde unbeabsichtigt von meiner Grundschule in Buckinghamshire, Großbritannien, genährt. Ich liebte meine Zeit in dieser Schule. Es war eine warme und förderliche Umgebung, die gerade erst mit der neuen Bildungsphilosophie des kindzentrierten Lernens begonnen hatte. Dennoch gab es Reste einer seit langem etablierten, strengeren Disziplin. In diesem Zusammenhang stellte uns die Schulleiterin bei der morgendlichen Versammlung ein neues Lied vor.

»Mrs. Clarkes Klasse ...« (Mrs. Clarke war die einzige Lehrerin, die gut Klavier spielen konnte) »... wird uns jetzt ein neues Lied beibringen. Bitte seid still und hört zu, Kinder.«

Die Hymne begann mit den Worten *»Als Jesus ein kleiner Junge war ...«* und beschrieb, wie Jesus als kleiner Junge brav seinen Eltern gehorchte, sich nie daneben benahm und seinen Lehrern in der Schule keine Probleme bereitete. Es ist also besser, wenn ihr Kinder es auch so macht wie er!

Ich war erst fünf Jahre alt, aber ich kann mich noch gut an meine innere Reaktion erinnern. Es war mir nicht entgangen, dass die Schule sich der Religion bediente, um uns Kinder in ihrem Sinne zu formen. *Sie wollen uns dazu bringen, dass wir uns unterordnen!*, sagte ich mir und kam im Stillen zu dem Schluss, dass diese Sache mit der Religion eindeutig für schwache Menschen gedacht war, die sich gerne manipulieren lassen!

Als ich in der Mittelstufe hörte, die ganze Idee von Gott sei wahrscheinlich auf den Kontakt der Menschheit mit technologisch überlegenen Spezies in der Vergangenheit zurückzuführen, war ich hocherfreut, eine alternative Sichtweise erkunden zu können. Mein Enthusiasmus für diese Sichtweise führte zu manchen lebhaften Diskussionen mit einer Gruppe von wiedergeborenen Christen an der High School, die in den folgenden Jahren geduldig meine unablässige Dekonstruktion ihrer Logik ertrugen. Aber es zog mich immer wieder zu ihnen wie die Motte zum Licht. Ich konnte sie nicht in Ruhe lassen. Ich wollte sie dazu bringen zuzugeben, dass ich einige Beweise auf meiner Seite hatte, sie dagegen nur ihr blindes Vertrauen. Gleichzeitig spürte ich tief in mir, dass diese Christen etwas hatten, das ich nicht greifen konnte.

Durch diese langwierigen Dialoge gelangte ich jedoch allmählich zu der Erkenntnis, dass die Verwendung von Religion in der Grundschule und die Glaubwürdigkeit Jesu selbst zwei völlig verschiedene Dinge sind. Als ich das Neue Testament las, um mir bessere Argumente gegen die Christen zurechtzulegen, wurde mir klar, dass Jesus selbst bei mir eine ganz andere Reaktion hervorrief. Dem Jesus der Evangelien schien es darum zu gehen, die Menschen von Hierarchien und von einem Leben in Angst zu befreien. So begann meine Reise als Christ.

In der Zwischenzeit gab sich die offizielle Wissenschaft große Mühe, Erich von Däniken als unseriös zu entlarven.

In seinem Buch war viel über die berühmten Linien von Nazca zu lesen, einem seltsamen Raster aus riesigen, exakten Linien in den felsigen Wüstenbergen Perus, das nur aus großer Höhe sichtbar ist. Wie konnten primitive Steinzeitmenschen diese Linien erschaffen, und warum?

Nun erlebte ich, wie die sogenannten »Debunker« berichteten, die Linien wären in Wirklichkeit gar nicht so groß und könnten durch natürliche Prozesse entstanden sein. Man könne dort sogar schon den Boden markieren, indem man einfach nur mit dem Schuh über den Wüstenboden schabt, weil dabei unter der dunklen obersten Schicht sofort der hellere Wüstenboden zum Vorschein kommt. Und es war bekannt, dass die Einheimischen diese Linien für religiöse und kulturelle Rituale benutzten. Es gab also wieder einmal eine Kuriosität, die plötzlich weniger kurios war.

Professionelle Akademiker verspotteten von Däniken als Amateur, und im Laufe der Zeit hörte ich mir die Meinungen von Professoren und Akademikern an, die ein wenig mehr über die Themen wussten, in die *Erinnerungen an die Zukunft* sich vorwagte. An Irrtümern in von Dänikens Büchern mangelte es nicht, so dass die wirklichen Experten ein wenig Licht ins Dunkel brachten.

Am meisten verspottet wurde Erich von Dänikens Hypothese, dass in der Vergangenheit außerirdische Spezies Sporen ihrer eigenen DNA in unserem Teil der Milchstraße ausgesät hätten. Ihr Ziel sei es gewesen, auf lebensfreundlichen Planeten die Entwicklung von intelligenten Lebensformen zu fördern, die diesen Außerirdischen ähnelten. Zu gegebener Zeit würden sie dann kommen, um dieses intelligente Leben, das sich in der Diaspora aus ihren genetischen Codes entwickelt hatte, zu nähren und zu unterstützen.

Von Däniken wies darauf hin, dass viele indigene Mythologien von Wesen erzählen, die vom Himmel kamen und mit unseren irdischen Vorfahren Sex hatten – Menschen, die selbst das Ergebnis einer prähistorischen ET-Aussaat auf unserem Planeten waren. Diese Hybridisierung führte zu der Spezies, die wir heute *Homo sapiens* nennen. Das sind Ideen, die sich im apokryphen hebräischen Buch Henoch finden, auf den sumerischen Tafeln, in den Hindu-Schriften und in den griechischen Sagen.

Aber Erich von Däniken war Amateur. Was sagten echte Wissenschaftler zu dieser Hypothese?

Eines Tages hörte ich, wie der große Astrophysiker Carl Sagan behauptete, von Dänikens Idee, wir *Homo sapiens* wären von ETs ausgesät worden, sei lächerlich. Dass sich eine außerirdische Spezies mit Menschen paare, sei so wahrscheinlich wie die erfolgreiche Paarung eines Menschen mit einer Petunie!

Von da an dachte ich während der nächsten vier Jahrzehnte wenig über diese Theorie einer ET-Aussaat nach, bis dann mein Sportunfall mich zu einer monatelangen Ruhepause zwang und mir so Gelegenheit gab, mich mit Fragen zu beschäftigen, die jahrzehntelang tief in mir geschlummert hatten.

Als ich in den Monaten meiner Rekonvaleszenz die verschiedenen Übersetzungen der Keilschrifttafeln las, klopfte ich an eine lange vernachlässigte Tür. Die Wiederholungen von der Genesis im Plural über die Keilschrifttafeln bis hin zu den Geschichten des Popol Vuh und immer weiter warfen Fragen zu meinen alten Schlussfolgerungen auf. Was hätte Carl Sagan dazu gesagt?

Also nahm ich mir etwas Zeit, um mich wieder mit einem echten Wissenschaftler zu beschäftigen, einem, der vor all den Jahren mein Interesse am Staunen und Forschen geweckt hatte. Was ich herausfand, stellte meine bequemen alten Schlussfolgerungen auf den Kopf.

Der Carl Sagan, den ich aus den Medien kannte, war der ultimative Skeptiker in bester wissenschaftlicher Tradition. Er schien immer akribisch darauf bedacht zu sein, so wenig wie möglich zu »wissen«, während er die Dinge, die scheinbar durch solide wissenschaftliche Herangehensweisen bestätigt wurden, vorläufig akzeptierte und verteidigte. Da ich wusste, dass Carl Sagan um Haaresbreite ein Atheist war, war ich erstaunt, als ich mir die Verfilmung seines Buches *Contact* ansah.

Dieser Film ist wirklich sehenswert. Die Geschichte präsentiert ein subtiles Spiel von Beweisen, Glauben, subjektiver Erfahrung und Intellekt. Dabei spiegelt sie zutiefst die Schichten von esoterischem Wissen, evangelistischer Dringlichkeit und dem Anspruch auf objektive Beweise wider, die im christlichen Glauben verpackt sind. Innerlich hob ich eine Augenbraue.

Es ist mehr als zwanzig Jahre her, dass der Film in die Kinos kam, also kann ich Ihnen unter dem Vorbehalt *»Spoiler-Alarm«* sagen, dass es in der Geschichte um eine multidimensionale außerirdische Intelligenz geht, die Kontakt mit der Erde aufnimmt, um die Menschheit in ihrer weiteren Entwicklung zu unterstützen. Ich zog sogar noch mehr die Augenbrauen hoch, als ich sah, wie sich diese Themen im Drehbuch entfalten.

Carl Sagan schrieb *Contact* im Jahr 1985, und die Verfilmung kam 1997 in die Kinos. Es ist sein einziger Roman. Ich begann mich zu fragen, warum ihm dieses Gebiet so sehr am Herzen lag. Wie ich bereits erwähnte, erzählen wir manchmal das, was wir nicht als Tatsache verkaufen oder unterstützen können, in Form einer Geschichte. Ich fragte mich, ob Sagans fesselndes Geschichtenerzählen für eine andere Schicht unseres menschlichen Wesens sprach – eine kreative Schicht, die Intuitionen folgt, Hypothesen aufstellt und sich hoffnungsvoll Schlussfolgerungen zuneigt, in Erwartung eines noch zu findenden eindeutigen Beweises.

Tatsache ist, dass Carl Sagan sich durch seine öffentliche Rolle bei der Gründung des SETI-Instituts, einer Organisation, die sich der Suche nach Anzeichen für intelligentes Leben in der Umlaufbahn ferner Sterne widmet, offen für die Idee des Kontakts mit Außerirdischen einsetzte. Nach *Contact* musste ich mich fragen, ob dies der öffentliche Ausdruck eines tieferen, bewusst unausgesprochenen Glaubens war.

Zumindest dachte ich, Sagan hätte nie über diesen Glauben gesprochen. Aber im Jahr 2017 kam es zu einer kleinen Kontroverse um eine von Donald Zygutis verfasste Analyse von Carl Sagans Werk. Die Diskussion warf ein neues Licht auf etwas, das ein vorübergehender Moment in Sagans schriftstellerischer Karriere zu sein schien.

1962 veröffentlichte Carl Sagan während seiner Zeit in Berkeley eine umfangreiche Studie mit dem Titel *Direct Contact Among Galactic Civilizations by Relativistic Interstellar Spaceflight* (Direkter Kontakt unter galaktischen Zivilisationen mittels relativistischer interstellarer Raumfahrt). Darin spekulierte er über die Wahrscheinlichkeit eines Kontakts zwischen verschiedenen intelligenten Spezies auf der Erde in ferner Vergangenheit: »Es besteht die statistische Wahrscheinlichkeit, dass die Erde während historischer Zeiten mindestens einmal von einer fortgeschrittenen außerirdischen Zivilisation besucht wurde.«

Auf Seite 497 seiner Studie steigt das *»mindestens einmal«* auf bis zu 10.000 Mal an!

Diese Behauptung mag in der Tat kühn erscheinen, aber sie stützte sich unumstößlich auf die Drake-Gleichung. Auf der Grundlage der heutigen Daten war die Drake-Gleichung eine sehr konservative Formel zur Berechnung der Wahrscheinlichkeit von Leben auf anderen Planeten. Sagan fügte jedoch eine wichtige persönliche Note hinzu, als er spekulierte, dass es sich bei den Mythen, die von dem griechisch-babylonischen Priester Oannes aufgezeichnet worden waren, in Wirklichkeit um Erinnerungen an einen engen Kontakt mit Außerirdischen handelte.

Auf Seite 496 seiner Studie schreibt Sagan: »Es gibt andere Legenden, die den vorgenannten Kontaktkriterien eher entsprechen und die im gegenwärtigen Kontext eine ernsthafte Untersuchung verdienen. Als ein Beispiel sei der babylonische Bericht über die Entstehung der sumerischen Zivilisation durch die Apkallu genannt, bei denen es sich offenbar um Vertreter einer fortschrittlichen, nichtmenschlichen und möglicherweise außerirdischen Kultur handelte.«

Seite 29 von Sagans Studie ist noch kühner. Unter Berufung auf den Berossos-Bericht spekuliert er, dass es die Apkallu gewesen sein könnten, die den alten Sumerern die Werkzeuge der Zivilisation brachten.

Vier Jahre später war Carl Sagan bereit, noch weiter zu gehen. Gemeinsam mit dem ukrainischen Wissenschaftler I. S. Shklovskij verfasste er 1966 ein Buch mit dem Titel *Intelligent Life in the Universe* (Intelligentes Leben im Universum) Darin schreibt er: »Geschichten wie die Oannes-Legende und Darstellungen vor allem der frühesten irdischen Zivilisationen verdienen weitaus kritischere Untersuchungen, als sie bisher durchgeführt wurden, wobei die Möglichkeit eines direkten Kontakts mit einer außerirdischen Zivilisation eine von vielen möglichen alternativen Erklärungen darstellt.«

Auch Carl Sagan war also fasziniert von den babylonischen und sumerischen Texten! Zu diesem Zeitpunkt war er bereit zu glauben, dass antike Mythologien, wie fantastisch und kaleidoskopisch sie auch sein mögen, tatsächlich Träger antiker Erinnerungen sein konnten – insbesondere antiker Erinnerungen an außerirdische Kontakte.

Erich von Däniken zitierte Carl Sagans Studie und sein Buch, um seine eigenen Argumente zu untermauern. Aber zu der Zeit, als *Erinnerungen an die Zukunft* erschien, zum Welterfolg wurde und allerlei Kritik auf sich zog, schlug Carl Sagan einen anderen Kurs ein. Das mag daran gelegen haben, dass sich seine Überzeugungen änderten und seine Strenge als Wissenschaftler und Skeptiker zunahm. Aber im Lichte von *Contact* musste ich mich fragen, ob dabei nicht auch noch andere Faktoren eine Rolle gespielt haben könnten.

Es ist logisch, dass das Fachwissen von Hochschulprofessoren höher geschätzt wird als die Forschung von begeisterten *»Amateuren«*. Akademische Forschung ist jedoch oft auf die Finanzierung durch Institutionen angewiesen, die dazu neigen, möglichst den Status quo beibehalten zu wollen. In dieser Hinsicht mag es sich bei dem Vorwurf, jemand sei lediglich Amateur, manchmal um eine unfaire Attacke derer handeln, die in den Genuss finanzieller Förderung kommen, gerichtet gegen jene, die keinen Zugang zu diesen Töpfen haben. Doch ungeachtet solcher konservativen Energien gibt es eine beachtliche Zahl von Nicht-Amateuren, hochrangigen Wissenschaftlern, die von Dänikens Hypothese unterstützen, dass Außerirdische ihr Erbgut auf der Erde aussäten.

Wissenschaftler wie der Cambridge-Astronomieprofessor Sir Fred Hoyle, Francis Crick, der den Nobelpreis für seine Mitentdeckung der DNA erhielt, Leslie Orgel, ein britischer Chemiker, der zusammen mit Francis Crick eine Arbeit verfasste, die für die *Panspermie* – die Theorie der Aussaat durch Außerirdische – spricht, und der ungarische Astrophysiker George Marx vertraten diese These. Gewichtigere Befürworter kann man sich kaum wünschen.

Wie Sie sich vorstellen können, hinterließ all das eine erhebliche Delle in meinem Glauben an die wissenschaftlichen Von-Däniken-Kritiker. Oder anders ausgedrückt, ich begann an meinen Zweifeln zu zweifeln! Alles in allem hatte ich das Gefühl, Erich von Däniken eine zweite Chance zu schulden.

Deshalb wühlte ich mich durch Luftaufnahmen peruanischer Berglandschaften. Beim Durchblättern stieß ich auf ein Bild, das ich noch nie gesehen hatte und das mich mit offenem Mund zurückließ. Das Bild zeigte eine trockene Gebirgskette mit den üblichen gemeißelten Merkmalen und Falten, die für jede Gebirgskette typisch sind – bis auf etwas Unerklärliches: Die Spitzen der Berge waren völlig plan abgeschnitten. Es sah aus, als hätte eine riesige Klinge die Bergspitzen waagerecht wie Butter durchtrennt. Das ist Nazca.

Etwas Derartiges kann unmöglich durch einen natürlichen Prozess entstanden sein! Kein noch so kräftiges Schuhkratzen oder Steinewegschieben könnte jemals ein solches geologisches Merkmal erzeugen. Das ist sicher! Die unglaubliche Unwahrscheinlichkeit dieses geologischen Rätsels ist nur aus großer Höhe sichtbar – genau wie Erich von Däniken geschrieben hatte. Warum hatte ich das nie zu Gesicht bekommen? Warum zeigten die Von-Däniken-Kritiker nie Fotos oder Filmaufnahmen dieser gewaltigen Anomalie?

Ich war nun begierig darauf, Erich eine faire Anhörung zu gewähren. Es ist offensichtlich, dass nicht alle Behauptungen in *Erinnerungen an die Zukunft* einer Überprüfung standhalten. Mehr als einmal musste von Däniken in Bezug auf manche der von ihm angeführten Beweise einräumen: *»Ich habe mich geirrt!«* Sein Bucherstling war eindeutig mit einem enormen Enthusiasmus, aber einer nicht sehr eifrigen Überprüfung der

Fakten veröffentlicht worden. Folglich sind nicht alle Fakten, die in dem Buch genannt werden, Tatsachen. Nicht alle von ihm beschriebenen Anomalien sind so anomal, wie von Däniken damals gedacht haben mag.

Das könnte auch bei der eisernen Säule von Mehrauli der Fall gewesen sein. Ironischerweise bewirkte der durch *Erinnerungen an die Zukunft* enorm gesteigerte Touristenstrom, dass sich auf der Eisenoberfläche der Säule Korrosion bildete – ausgelöst dadurch, dass nun so viele Menschen das Metall mit den Händen berührten. Die Säule hatte anderthalb Jahrtausende praktisch unverändert überlebt, wurde aber nun indirekt durch Erich von Dänikens Buch beschädigt! Einundzwanzig Jahre nach meinem Besuch errichteten die Behörden eine Absperrung um die Säule, deren Eisen tatsächlich von außergewöhnlich hoher Qualität ist. So soll sie vor den verschwitzten Händen der begeisterten Besucher geschützt werden.

Ungeachtet dieser Beweise für von Dänikens Amateurstatus sind die Hypothesen lebendig, und von Däniken hat bezüglich seiner vielen Funde genug reale Daten zusammengetragen, so dass seine Fragen weiterhin relevant sind. In den über fünfzig Jahren seit der Veröffentlichung des Buches konnten von Dänikens Nachfolger die Liste der archäologischen Anomalien, die auf die Möglichkeit eines Kontaktes mit Außerirdischen in historischer Zeit hindeuten, beträchtlich erweitern.

Eine der faszinierendsten Anomalien, die von Däniken beschreibt, ist eine Grabplatte. Sie wurde 1949 in den Eingeweiden einer verlassenen Stadt am Rio Usumacinta im mexikanischen Bundesstaat Chiapas entdeckt. Dort lag sie tief unter den Fundamenten einer alten Maya-Pyramide begraben.

9

Das haben wir nicht gesehen, und Sie auch nicht!

Es dauerte drei Jahre, bis der mit Geröll gefüllte Schacht freigelegt war. Monat für Monat wurde mehr von der hinabführenden Treppe freigelegt.

Der mexikanische Archäologe Professor Alberto Ruz Lhuillier (1906-1979) begann 1949 mit den Ausgrabungen, als er in der verlassenen Maya-Stadt Palenque eine in einer Pyramide versteckte Rinne entdeckt hatte. Und diese Rinne führte zu einem Schacht, der unter dem Fundament einer Stufenpyramide, dem Tempel der Inschriften, lag.

In der vierten Saison der Ausgrabungen erreichte das Team des Professors eine dreieckige Steintür. Nachdem das Team die Tür durchbrochen hatte, steckte Ruz Lhuillier eine Taschenlampe und dann seinen Kopf durch die Öffnung, die sie geschaffen hatten. Erschrocken rief er seinem Team zu: »Ich kann nicht glauben, was ich hier sehe! Es sieht aus wie eine Kapelle, in der Kerzen von der Decke hängen!«

Bei den Kerzen handelte es sich um Stalaktiten, die auf das hohe Alter der etwa sieben Meter langen Kammer hinwiesen. Weitere Ausgrabungen ergaben, dass es sich bei der Kammer um eine Krypta handelte, die geheime Ruhestätte eines prächtigen Steinsarkophags, dessen Deckel eine 3,8 Meter mal 2,2 Meter große Steinplatte bildete.

Ein kunstvolles Relief auf der Platte zeigt die wundervolle Illustration eines jungen Mannes, der sitzend und nach vorne gelehnt eine Haltung einnimmt, die der eines Motorradfahrers ähnelt. Seine Hände scheinen Bedienelemente zu betätigen und sein linker Fuß steht auf einem Pedal. Etwas, das wie ein Atemgerät aussieht, befindet sich neben seiner Nase. Unter der Kapsel, in der sich der junge Mann befindet, ist die Rauchfahne der Triebwerke zu sehen, wie bei einem Raketenstart.

Die Übersetzung der Inschrift ergab, dass der junge Mann K'inich Janaab Pakal war, der vorletzte Herrscher von Palenque. Der übrige Inhalt der Inschriften dieses Tempels und seiner Nachbargebäude ist bis heute rätselhaft. Ruz Lhuilliers Fund wurde als die größte Entdeckung in der Geschichte der mesoamerikanischen Archäologie gefeiert. Die Interpretation des Bildes ist jedoch nach wie vor sehr umstritten.

Es existiert eine große Bandbreite von Interpretationen. Ich habe Ihnen eben die Beschreibung geschildert, die sich Erich von Däniken aufdrängte, als er das Relief zum ersten Mal sah. Viele Wissenschaftler zweifeln sie an und gelangen zu anderen Deutungen: Der junge Mann war kein Astronaut, der sich auf einen Flug vorbereitet, sondern ein König, der sich auf seinen Tod vorbereitet. Die Kapsel war kein Shuttle oder Raumschiff, sondern zeigt die stilisierten Mäuler zweier Schlangen, die jeweils um 90 Grad geöffnet waren. Die Wogen unter der Kapsel waren keine Rauchschwaden von Raketentriebwerken, sondern die Bärte der Schlangen, in deren Maul Pakal gerade fiel. Oder er spielte die Rolle eines Maisgottes, der sich aus dem Rachen der Unterwelt erhob. Aber das alles konnte ich darin nicht erblicken. Ich sah nur den Astronauten. Im Laufe der Jahre wurden die Interpretationen und neuen mythologischen Erklärungen für das Bild immer zahlreicher.

Linda Schele (1942-1998) war Universitätsprofessorin und eine weltweit führende Autorität auf dem Gebiet der Epigraphie und Ikonographie der Maya. Bei ihrer Untersuchung des Sarkophags von Pakal erkannte sie, dass die Motive, die Pakal umgeben, die Merkmale der Milchstraße darstellen. Dies legt die Vermutung nahe, dass sich Pakals Kapsel nicht auf einer Reise in die oder aus der Unterwelt befindet, sondern auf einer Reise durch den Weltraum.

Und der Sarkophagdeckel ist nicht der einzige interessante Gegenstand in Palenque. Eine Reihe wunderschöner Steinreliefs in der Stadt zeigen Maya-Adlige, von denen viele eine aufwändige Kopfbedeckung und Schmuck tragen, der das darstellt, was Sie oder ich sofort als ein Bluetooth-Gerät erkennen würden, das im Ohr getragen wird, mit einem Mikrofon am Mund. Es sind Bilder, die den Betrachter mit offenem Mund und der Frage zurücklassen: *Was, um alles in der Welt, ist da los?* Es scheint, als würden wir einen Blick auf ein paar zeitlich deplatzierte Artefakte erhaschen.

Wenn Linda Schele richtig gelesen hat und Pakal wirklich eine Kapsel durch die Milchstraße steuert, dann handelt es sich dabei offenbar um eines der Gefährte, die in den alten vedischen Schriften Vimanas genannt werden. Diese alten Texte, verfasst in der frühesten Schriftsprache der Welt, stammen aus der Zeit zwischen 1500 und 500 vor Christus. Dort werden unzählige Details über die Vimanas beschrieben: wie sie aussahen, wie schnell sie flogen, welche Geräusche sie machten, wie viele Menschen sie tragen konnten, und es werden sogar die Elemente genannt, die in ihren Antriebssystemen verwendet wurden – darunter Quecksilber und Glimmer. So, wie die Verwendung der Vimanas beschrieben wird, müssen sie etwas Ähnliches wie heutige Raumfähren gewesen sein. Sie konnten durch die Luft fliegen, Menschen hinaus in den Weltraum zu einem Mutterschiff transportieren und Raumflüge durch das hiesige Sonnensystem unternehmen.

Es besteht kein Zweifel daran, dass dem Leser, der sich mit der alten indischen Geschichte befasst, die Vimanas als Technologie präsentiert werden, die den »Göttern« gehört.

Merkwürdigerweise wird diese Technologie in der frühgeschichtlichen Literatur von Mexiko bis Indien erwähnt. Reliefs und andere Artefakte, die eine solche Technologie zeigen, finden sich bei den alten olmekischen, aztekischen und Maya-Gesellschaften sowie in Ägypten und Mesopotamien. Gestalten in Kostümen, die an Raumanzüge erinnern, mit Helmen und Atemgeräten, wurden bei den alten Japanern, Chinesen, Maya, Azteken, den Hopi in Nordamerika und bei den australischen Ureinwohnern in der Kimberly-Region in Australien gefunden. Das Nationalmuseum von Guatemala widmet eine ganze Abteilung steinernen Kopfskulpturen mit Weltraumhelmen. Auf welche Technologien diese Figuren und ihre Kostümierung hinweisen, ist für moderne Besucher des Museums offensichtlich.

Aber findet sich etwas davon auch in der Bibel?

Hesekiel lebte im siebten und sechsten Jahrhundert vor Christus und verbrachte einen Teil seines Lebens in Babylonien. Er ist als Verfasser apokalyptischer Prosa bekannt. Den Begriff *apokalyptisch* wenden Gelehrte auf Dinge an, die von antiken Schriftstellern gesehen und durch Analogien beschrieben werden. Es ist eine Bezeichnung für etwas, das den Verstand überstrapaziert, und zeigt, dass der Autor nicht versteht, was er gesehen hat, aber gezwungen ist, es zu beschreiben. Damit hinterlässt er uns Bilder, über die der Leser ebenfalls rätseln muss.

Im ersten Kapitel des Buchs Hesekiel findet sich eine unglaubliche Begegnung. Hesekiel sagt uns, wo sie stattfand – am Fluss Kebar in Babylonien. Er wird Zeuge, wie eine riesige Rauchwolke vom Himmel herabschwebt. Sie ist von Licht erfüllt, und Blitze zucken aus ihr hervor. Er beschreibt metallische Beine, Feuer ausstoßende Triebwerke, vier metallische Räder, die von senkrechten Rädern durchkreuzt werden, so dass das Fahrzeug manövrieren kann, ohne die Räder drehen zu müssen. Das Fahrzeug ist mit einer glitzernden metallischen oder glasartigen Haube überzogen. Das Geräusch des Fahrzeugs glich einem tosenden Wasserfall. Wenn die Motoren ausgeschaltet werden, senken sich die Flügel. Von der Spitze des Raumschiffs aus spricht eine Gestalt zu Hesekiel. Er beschreibt sie als menschenähnlich. Der Fremde sah aus *»wie ein Mensch«*.

Als das Fahrzeug Hesekiel dann nach Tel-Abib bringt, ist Hesekiel fasziniert von der Umgebung, in der er nun sitzt, er bezeichnet sie staunend als *»Jahwes Wohnung«* und das Fahrzeug insgesamt als »Herrlichkeit«. Während des gesamten Gesprächs, das das Wesen im Inneren der *»Herrlichkeit«* mit ihm führt, bleibt Hesekiel abgelenkt und beschäftigt sich mit dem Rauschen der Flügel, dem Rumpeln der Räder und dem lauten Poltern hinter ihm. Als er in Tel-Abib ankommt, sagt Hesekiel, dass er die dorthin Verschleppten fand und »sieben Tage lang verstört mitten unter ihnen« saß. Nun, das ist verständlich!

In den nächsten elf Kapiteln beschreibt Hesekiel ähnliche Begegnungen, bei denen die »Herrlichkeit« ihn in die Luft hebt und an verschiedene Orte trägt. Jedes Mal, wenn die menschenähnlichen Wesen mit ihm kommunizieren, ist Hesekiel fasziniert davon, wie sich das Fahrzeug bewegt, wie die Flügel und Räder funktionieren.

Aufgrund des Interesses der menschenähnlichen Wesen am Volk Israel lesen wir dies natürlich als eine Begegnung mit dem jüdischen Gott – mit Jahwe. Auch Hesekiel interpretiert die Begegnung in diesem Sinne. Die Erfahrungen verändern Hesekiels Sichtweise für immer und veranlassen ihn, für seine Landsleute, die unter dem Exil leiden, die Rolle eines Propheten zu übernehmen.

Doch wir bleiben bei alledem ratlos zurück: *Braucht denn Jahwe wirklich ein lautes, qualmendes, Feuer speiendes Gefährt, um zu reisen?* Zusammen mit Hesekiel sind wir ziemlich überwältigt und fragen uns: *Was um alles in der Welt war das?*

Irgendwie gebietet uns unsere Programmierung jedoch, einfach weiterzumachen und unsere Erinnerung zu verdrängen. Ob wir nun prähistorische Bluetooth-Geräte oder antike Raumfähren oder Wesen in Raumanzügen oder Humanoide in Rauch ausstoßenden Flugmaschinen sehen, irgendwie überzeugen wir uns selbst: *Ich habe nicht gesehen, was ich gerade gesehen habe. Und du auch nicht!*

Anomale Artefakte auf dem Planeten Erde und anomale Phänomene im Weltraum bieten uns zahlreiche Gelegenheiten, Dinge zu sehen, die wir uns entweder erklären können oder vor denen wir die Augen verschließen müssen.

In den letzten Jahren hat unsere Beobachtung des uns umgebenden Universums Objekte zutage gefördert, die nicht natürlich zu sein scheinen. Eines der faszinierendsten ist Iapetus – einer der Saturnmonde. Jeder, der mit dem Kanon der *Star-Wars*-Filme vertraut ist, wird ihn ohne Probleme wiedererkennen – in Form des »*Todessterns*«, einem mondgroßen, kugelförmigen Objekt, das zwei orografische Merkmale aufweist – einen wulstigen Rand, der den Äquator markiert, wo die beiden Hemisphären zusammengeschweißt wurden, und einen großen, satellitenförmigen Krater, der etwa ein Zehntel seiner Oberfläche einnimmt. Falls Sie den Todesstern aus den *Star-Wars*-Filmen nicht kennen: Es handelt sich um ein waffenstarrendes Mutterschiff – ein Raumschiff, das Millionen Menschen durch die Weiten des interstellaren Raums befördert. Stellen Sie sich den Todesstern vor und lassen Sie ihn ein paar tausend Jahre altern, dann bekommen Sie Iapetus.

Die Ähnlichkeit ist so verblüffend, dass sie sogar auf der dem betreffenden Mond gewidmeten NASA-Webseite bestätigt wird. Genau an der gleichen Stelle über dem Äquator, wo beim Todesstern die große kreisrunde Vertiefung sitzt, befindet sich bei Iapetus ein riesiger, kreisrunder Krater. Das ist an sich schon merkwürdig. Besonders faszinierend ist jedoch der fünf Kilometer hohe Grat um den Äquator. Er erweckt den Anschein, als seien zwei Planetenhälften miteinander verschweißt worden. Anders lässt es sich kaum deuten! Bei näherer Betrachtung entpuppt sich Iapetus als nicht exakt kugelförmig. Vielmehr hat er eher die geometrische Form eines Dodekaeders, eines Körpers mit zwölf Flächen.

Hätte George Lucas die Bilder für *Star Wars* in den letzten zehn Jahren geschaffen, könnten wir mit einem Augenzwinkern seine Fantasie und Kreativität bewundern, weil er die exzentrische Form des Iapetus entdeckte und sie als Todesstern schon in den ersten Film seiner Reihe einbaute. Noch viel kurioser macht diese Geschichte aber die Tatsache, dass der Todesstern mehr als eine Generation vor der Veröffentlichung des ersten Fotos von Iapetus entworfen wurde. *Star Wars* kam 1977 in die Kinos. Erst 2005 wurde entdeckt, dass der Todesstern einen realen Doppelgänger hat. Vielleicht hatten andere Iapetus schon vorher gesehen? Könnte dies ein weiteres Beispiel dafür sein, dass wir als Fiktion weitergeben, was wir nicht als Tatsache bezeichnen können?

Außerirdische Mutterschiffe und private Raumfähren gehören seit langem zum Inventar des Kinos. Was die Weltliteratur angeht, können Hindus in drei- bis viertausend Jahre alten Texten von weltraumtauglichen Vimanas lesen – und die mündliche Überlieferung dieser Erzählungen reicht bis in die Urgeschichte zurück. Auch die alten sumerischen Erzählungen berichten von Raumstationen und von Nbiru, dem Mutterschiff der Himmelswesen.

Im Gegensatz dazu gehen Christen in der Regel nicht davon aus, dass in der Bibel von außerirdischer Technologie oder Raumfahrzeugen die Rede ist. Aber bei Josef Blumrich war das anders. Der Ingenieur arbeitete als Chefkonstrukteur im Marshall Space Flight Centre der NASA.

1972 besuchte Blumrich einen Vortrag, zu dem die NASA Erich von Däniken eingeladen hatte. In seinem Vortrag ging von Däniken auf Hesekiels Schilderungen ein, die diese rätselhaften Hinweise enthalten. Nach dem Vortrag ging Blumrich zu dem Redner und sagte: »Herr von Däniken, Ihr Vortrag hat mir gefallen, aber ich glaube, Sie suchen an der falschen Stelle nach Technologie. Die Bibel ist nun wirklich auf spirituelle Angelegenheiten ausgerichtet. Es ist nicht die Art von Literatur, in der Sie etwas Technisches finden werden.«

Erich von Däniken entgegnete: »Haben Sie denn das Buch Hesekiel gelesen?«

Blumrich versprach, das zu tun, und setzte sich gleich mit dem hebräischen Text auseinander, um von Däniken mit einer besser informierten Interpretation antworten zu können. Als Blumrich sich jedoch mit den Texten von Hesekiel auseinandersetzte, geschah etwas anderes. Aus Neugier wandte er seine technischen Fähigkeiten auf die Beschreibungen an, die der Prophet in seinem Buch darlegte. Der Ingenieur begann, technische Skizzen von dem anzufertigen, was dort beschrieben wurde. Das warf alle seine Vorurteile bezüglich der Bibel über den Haufen!

Das Ergebnis von Blumrichs Studien war ein Buch, das er 1974 veröffentlichte. Es trug den Titel *Da tat sich der Himmel auf. Die Begegnung des Propheten Ezechiel mit außerirdischer Intelligenz.* Der Untertitel lautete: *Die Raumschiffe des Propheten Ezechiel und ihre Bestätigung durch modernste Technik.*

Mit dem Wissen des einundzwanzigsten Jahrhunderts und mit Hilfe der Arbeit von NASA-Ingenieur Josef Blumrich können wir heute den alten hebräischen Propheten beruhigen: *Ja, Hesekiel, du hast wirklich gesehen, was du zu sehen glaubtest!*

Laut den vedischen Schriften waren die Vimanas Technologie der Götter. Es gibt viele andere anomale Technologien in unserer fernen Vergangenheit, die uns Rätsel aufgeben.

1995 wurde in Ägypten die Mumie eines ägyptischen Adeligen namens Usermontu geröntgt. Sein Körper war unauffällig, abgesehen von dem dreiundzwanzig Zentimeter langen orthopädischen Eisenstift, mit dem antike Chirurgen sein beschädigtes Knie repariert hatten. Es handelte sich dabei um eine Schraube mit Flansch, die von einem Harz gehalten wurde, das dem Knochenzement, den Chirurgen heute verwenden, sehr ähnlich ist. Usermontu starb um 400 vor Christus. Offensichtlich waren unsere Vorfahren klüger, als wir dachten.

Es gibt in der Tat zahlreiche Beweise dafür, dass der *Homo sapiens* schon immer *sapiens* gewesen ist. Das heißt, wir Menschen waren schon immer klug, kreativ und technisch begabt. Aber wie konnte dieser frühere technologische Standard verloren gehen? Warum dauerte es zwei Jahrtausende, bis er wiedergefunden wurde?

Artefakte aus Ägypten zeigen Beweise für das Schneiden von Steinen, wofür Kraft und diamantenhaltige Schneidgeräte erforderlich waren. Woher kam diese Technologie und wohin ist sie verschwunden?

Archäologische Stätten auf der ganzen Welt werfen die gleiche Frage auf.

In der Bekaa-Ebene im Libanon liegt die antike Stadt Baalbek. Um 15 vor Christus begannen die römischen Besatzer mit dem Bau eines Jupiter-Tempels auf den Fundamenten eines bereits bestehenden Bauwerks. In seiner Blütezeit wäre der neue Tempel eine beeindruckende Demonstration römischer Ingenieurskunst gewesen. Doch die eigentliche historische Herausforderung liegt in den vorrömischen Schichten des Komplexes.

In der westlichen Stützmauer des Tempels befindet sich in einer Höhe von etwa sieben Metern über dem Boden eine Reihe von drei riesigen Grundsteinen. Die Steinblöcke messen 21 mal 4 Meter und sind drei Meter dick. Sie wiegen jeweils bis zu 800 Tonnen. Zum Vergleich: Eine Boeing 747 wiegt etwa 400 Tonnen. Die Blöcke mussten in Steinbrüchen abgebaut, zur Baustelle transportiert und dann mit einer solchen Präzision zugeschnitten werden, dass kein Blatt Papier in die Fugen zwischen den einzelnen Blöcken passt.

Kürzlich entdeckte Jeanine Abdul Massih vom Archäologischen Institut der Libanesischen Universität in Zusammenarbeit mit einem Team des Deutschen Archäologischen Instituts in der Anlage einen einzigen Stein mit einem Gewicht von 1.650 Tonnen. Das Gewicht von vier Boeing 747!

In Peru erwecken die riesigen Steine der präinkaischen Mauern von Sacsayhuamán den Anschein, als seien sie aufgeweicht und ineinander gepresst worden, um ein makelloses, unregelmäßiges Puzzle zu bilden, das keinerlei Schnittspuren aufweist und mit fließenden und geschwungenen Verbindungen versehen ist.

Woher kam die Technologie, die es den Ingenieuren der Antike ermöglichte, Steinblöcke auf diese Weise zu bearbeiten? Und wo ist diese Technologie geblieben? Wir sehen die Früchte ihrer Technologie, aber wo ist sie jetzt? Wer baute damals, vor Tausenden von Jahren, mit solchen Riesenblöcken?

Einige Forscher, wie der schwedische Konstrukteur Henry Kjelsen, haben spekuliert, dass derartige Meisterleistungen des Bauwesens möglicherweise mit Hilfe von Schallenergie vollbracht wurden. Es handelt sich um eine Technologie, die wir im einundzwanzigsten Jahrhundert gerade erst entwickeln – oder vielleicht wiederentdecken. In den letzten zehn Jahren haben Experimente an Forschungseinrichtungen wie der Harvard University und der Eidgenössischen Technischen Hochschule gezeigt, wie stehende Schallwellen erzeugt werden können, die kleine Objekte zum Schweben bringen. Es gibt auch Berichte darüber, dass diese Technik von tibetischen Mönchen zu Beginn des zwanzigsten Jahrhunderts eingesetzt wurde, um viel größere Gegenstände zu bewegen. Aus rein physikalischer Sicht gibt es keinen Grund, warum stehende Wellen nicht auch in der Vergangenheit erzeugt worden sein könnten, wenn sie heute erzeugt werden können.

Natürlich ist die Hypothese der Schallenergie schwer zu überprüfen. Ein Hinweis darauf, dass fortgeschrittene Schalltechnologie Teil unserer Vorgeschichte gewesen sein könnte, findet sich in einem Netz alter Steinkreise, die die Landschaft des südlichen Afrikas zieren.

In den letzten Jahren hat der südafrikanische Forscher Michael Tellinger die klanglichen Eigenschaften des für die Steinkreise verwendeten Gesteins untersucht und in Zusammenarbeit mit anderen Forschern die Klangeigenschaften einiger dieser geheimnisvollen Steinanlagen gemessen.

Selbst in ihrem derzeitigen Zustand, der wie die Ruine eines internationalen Steinlabyrinths aussieht, erzeugt jeder Steinkreis eine phänomenale Klangenergie.

Tellinger berichtet, dass es sich außerhalb der Kreise nur um Umgebungslärm handelt. Im Inneren der Kreise wurden jedoch Schallfrequenzen von 14 Gigahertz gemessen – ein Gigahertz ist eine zweitausend Mal höhere Frequenz, als Hunde sie hören kann – mit einer Stärke von 72 Dezibel – das liegt zwischen der Lautstärke eines Staubsaugers und eines Güterzugs! Interessanterweise zeigt die Temperatur des Untergrunds unterhalb der Kreise das Vorhandensein dieser Energiewirbel in messbarer Weise an. Außerhalb der Kreise liegt die von seinen Kollegen gemessene Temperatur im Untergrund bei etwa 5,5 Grad. Innerhalb der Kreise schwankt sie zwischen 29 und 58 Grad.

Gegenwärtig sind diese Energiesignaturen für uns einfach nur ein faszinierendes Phänomen – Anomalien, die wir messen können. Aber was können wir mit ihnen anfangen? Und was war der ursprüngliche Zweck dieses riesigen Schallenergienetzes? Und es ist ein wirklich gewaltiges Netz. Die Arbeit des Forschers Jan Heiner hat gezeigt, dass es sich über ein riesiges geografisches Gebiet erstreckt, das Teile von Südafrika, Simbabwe und Botswana umfasst. Könnte diese prähistorische Energiematrix als Transportnetz genutzt worden sein, bei dem man einst jene Schalltechnologie einsetzte, die gegenwärtig in Harvard und der Schweiz erforscht wird? Und wenn ja, was wurde transportiert – und wann war das?

Um eine Vorstellung vom *Wann* zu bekommen, hat Michael Tellinger die Erosionsmuster an den Steinen untersucht. Diese weisen auf eine Zeitlinie für die Steinkreise hin, die weit über die konventionellen Zeitlinien der menschlichen Entwicklung hinausgeht. Tellingers Ergebnisse zeigen, dass die Patina der Steine auf ein Alter von 200.000 bis 300.000 Jahren schließen lässt. Wer errichtete vor Hunderttausenden von Jahren auf dem Planeten ein riesiges, mit Schallwellen arbeitendes Energienetz?

Im Jahr 2018 veröffentlichte die Zeitschrift *New Scientist* eine Zeitleiste, auf der die wichtigsten Momente der menschlichen Vorgeschichte verzeichnet sind. Die ersten festen Behausungen entstanden in Japan vor etwa 500.000 Jahren. Die frühesten Belege für die Jagd mit Speeren sind etwa 400.000 Jahre alt. Die ältesten erhaltenen menschlichen Fußabdrücke (die allgemein als solche anerkannt werden) fand man in Italien und datierte sie auf ein Alter von etwa 325.000 Jahren. Die ersten hochwertigen Klingen und Schleifsteine tauchten vor 280.000 Jahren auf.

Vor 230.000 Jahren erschien plötzlich der Neandertaler. Erste Nachweise für den *Homo sapiens* wurden in Äthiopien entdeckt. Sie sind etwa 195.000 Jahre alt. Wer war es also, der in der Steinzeit, vor 200.000 Jahren, Schallenergie manipulierte und nutzte? Und woher stammte diese Technologie?

In der Geschichte, die wir uns über die Ursprünge der Menschheit erzählen, fehlt eindeutig ein Teil des Puzzles. Das bauliche Erbe unseres Planeten steht im Widerspruch zu paläontologischen Erkenntnissen über die Entwicklung unserer Spezies. Geologische Anomalien, vergessene Tunnel- und Höhlensysteme, versunkene und verlassene Städte – all das deutet darauf hin, dass in unserer Geschichte immer wieder kataklysmische Einschnitte stattfanden, auf die unerklärliche Wiedergeburten der menschlichen Zivilisationen folgten. Anomale Technologien sind Hinweise darauf, dass die Menschen entweder auf verborgene Überreste älterer Zivilisationen zurückgriffen oder von irgendwo weither Hilfe erhielten.

Wer hat uns also geholfen?

Wenn wir uns auf die saubere und ordentliche Geschichte der menschlichen Evolution versteifen, wie ich sie in der Schule lernte, dann werden wir jedes Mal, wenn wir eine Anomalie sehen, versucht sein, rasch darüber hinwegzugehen und zu sagen*: Ich habe nicht gesehen, was ich gerade gesehen habe. Und du auch nicht!*

Wenn wir uns jedoch die Zeit nehmen, innezuhalten und nachzudenken, häufen die Fragen sich regelrecht auf und weisen uns neue Wege.

Was ich auf den sumerischen Tafeln entdeckte, brachte mich dazu, erneut über einige der Dinge nachzudenken, die ich gesehen hatte: sich wiederholende Muster von einer antiken Kultur zur nächsten, gemeinsames kosmologisches Wissen, dieselben Beweise für inzwischen verlorene Technologien und Zeitlinien, die fast allem widersprechen, was wir über den Ursprung der Menschheit zu wissen glauben. Daher war ich nicht völlig von dem überrascht, was Al Worden an einem Freitagmorgen im Frühstücksfernsehen sagte.

Colonel Alfred Worden war ein hartgesottener NASA-Astronaut, der 1971 Pilot bei der Mondmission *Apollo 15* war. Während seine Kollegen auf der Mondoberfläche spazieren gingen und zum ersten Mal den neu entwickelten Mondrover ausprobierten, umkreiste Al in der Raumkapsel fünfundsiebzig Mal den Erdtrabanten.

Als Alfred Worden 2017 in der Fernsehsendung *Good Morning Britain* interviewt wurde, fragte der Moderator Ben Shephard in den letzten zwei Minuten des Interviews beiläufig: *»Glauben Sie, dass es Außerirdische gibt, Al?«*

Der Colonel antwortete: »Wissen Sie, diese Frage wurde mir schon hundertmal gestellt: Glauben Sie an Außerirdische? Und ich sage: Ja! Sie fragen: Hast du jemals einen gesehen? Ich sage: Ja … Ich schaue jeden Morgen in den Spiegel!

Denn *wir* sind es. Wir sind die Außerirdischen. Wir denken nur, dass sie jemand anderes sind. Wir sind diejenigen, die von irgendwo anders herkamen. Weil jemand überleben musste und in ein kleines Raumschiff stieg und hierher kam. Das ist es, was ich glaube. Und wenn Sie mir nicht glauben, besorgen Sie sich Bücher über die alten Sumerer und sehen Sie, was sie darüber zu sagen hatten. Gleich am Anfang dieser alten Texte wird es uns gesagt.«

10

Nächstenliebe auch für Aliens

Als ich ein Junge war, hörte man von den Astronauten noch keine solchen Äußerungen!

Als ich aufwuchs, beschränkte sich das, was öffentlich über außerirdische Spezies oder sogenannte ET-Kontakte berichtet wurde, auf Behauptungen von Zeugen, die leicht als unglaubwürdig abqualifiziert, lächerlich gemacht oder ignoriert werden konnten. Jedenfalls traf das auf alles zu, was an UFO-Stories im Fernsehen berichtet wurde. Heute weiß ich, dass es dafür einen Grund gab.

Von den 1940er Jahren bis etwa 2008 war es üblich, dass Regierungen auf der ganzen Welt Beamte beschäftigten, deren Aufgabe es war, Berichte über nicht identifizierte Flugobjekte und Anomalien im Luftraum zu untersuchen. Die Aufgabe dieser UFO-Beamten bestand im Wesentlichen darin, die Berichte zu filtern. Diejenigen Begegnungen und Phänomene, die leicht erklärt werden konnten, wurden freigegeben. Die anderen Fälle – diejenigen, bei denen sich ETs als Erklärung nur schwer vermeiden ließen – wurden als geheim eingestuft.

Diese Filterung ist nun öffentlich bekannt, da Länder auf der ganzen Welt ab der Jahrtausendwende begannen, diese Abteilungen zu schließen. Dann, ab 2008, durften diejenigen, die zuvor in diesen Zensurabteilungen gearbeitet hatten, ein internationales Gremium namens *The Disclosure Project* (Das Offenlegungsprojekt) gründen, das sich seitdem öffentlich für die Freigabe aller UFO-Akten der Regierungen und des Militärs einsetzt. Als wäre das nicht schon überraschend genug, wurde im Laufe der nächsten fünf Jahre auch tatsächlich eine riesige Menge an zuvor als geheim eingestuftem Regierungsmaterial freigegeben – Fallakten, in denen Phänomene beschrieben werden, die öffentlich beobachtet, gefilmt und von militärischen und zivilen Behörden untersucht wurden: Fälle, bei denen praktisch nur Außerirdische als Erklärung in Frage kamen. Alle diese dokumentierten Fälle sind heute öffentlich zugänglich.

Die USA haben sich allerdings – Stand 2019 – noch nicht an dieser Veröffentlichung von Geheimdokumenten beteiligt. Stattdessen wendet die US-Regierung nach wie vor die Bestimmungen ihres siebzig Jahre alten National Security Act an, der 1947 von Präsident Truman unterzeichnet wurde. Es sah die Gründung der CIA vor und unterwarf gleichzeitig alle UFO-Ermittlungen der Geheimhaltung, beginnend mit den UFO-Zwischenfällen von Maury Island, Washington, und Roswell, New Mexico, die sich im selben Jahr ereignet hatten.

Doch auch in den USA hat sich das Klima spürbar verändert. Die alte staatliche Strategie, UFO-Zeugen öffentlich zu diskreditieren und lächerlich zu machen, herrscht offenbar nicht mehr vor, weshalb Colonel Al Worden nur einer von vielen NASA-Mitarbeitern ist, die sich jetzt frei fühlen, offen über ET-Begegnungen und ET-Phänomene zu sprechen. Zum

NASA-Personal, das inzwischen öffentlich ET-Kontakte bezeugte, zählen (um nur einige zu nennen) die *Mercury*-Astronauten Gordon Cooper, Scott Carpenter und Donald Slayton, die *Apollo*-Astronauten Eugene Cernan, Colonel Al Worden, Colonel Buzz Aldrin, Dr. Brian O. Leary, Edgar Alan Mitchell und Lieutenant Colonel Onizuka. Das ist ein beachtliches Aufgebot an glaubwürdigen Zeugen.

Die dunklere Seite dessen, was inzwischen an die Öffentlichkeit gelangte, besteht darin, dass der grausame psychologische Druck enthüllt wurde, den das US-Militär früher auf Zeugen und deren Familien ausübte, um sie zum Stillschweigen zu verpflichten – eine Praxis brutaler Einschüchterungen bis hin zu Todesdrohungen, insbesondere nach dem berühmten Absturz in Roswell im Jahr 1947.

Dr. Edgar Alan Mitchell, der sechste Mensch, der den Mond betrat, wuchs in Roswell auf. Als kluger, ehrenwerter Mann von gutem Charakter wurde er von zahlreichen »Oldtimern«, wie er sie nannte, ins Vertrauen gezogen, die ihm unbedingt die Geschichten ihrer Familien erzählen und von ihren Erfahrungen berichten wollten. Dr. Mitchell sprach unzählige Male vor der Kamera über seinen Wunsch, die Regierung möge den seiner Meinung nach seit mindestens siebzig Jahren bestehenden Kontakt endlich offenlegen. Seine Beweggründe waren in erster Linie, dass er sehen wollte, welches neue Kapitel in der menschlichen Wirtschaft und Politik durch die Verfügbarkeit von Nullpunktenergie und freier Energie aufgeschlagen werden kann, die uns seiner Meinung nach als Ergebnis des Kontakts zur Verfügung stehen würden. Außerdem war es ihm ein großes Anliegen, dass den Familien jener seiner Mitbürger Wiedergutmachung geleistet werden sollte, die durch staatliche Einschüchterungen und Drohungen gegen sich und ihre Angehörigen mundtot gemacht worden waren.

Diese Geschichte erzählt uns von einer anderen, unheimlichen Art des Vergessens. Der Art des Vergessens, die den Menschen aufgezwungen wird, wenn die Behörden sich drohend über sie beugen und sagen: »*Wir haben nicht gesehen, was ihr gesehen habt. Und ihr auch nicht!*«

Ich begrüße das neue Klima, in dem ehemalige und heutige NASA-Mitarbeiter offen und ohne Angst sprechen können. Ich denke, es gibt mehrere Möglichkeiten, diesen Wandel zu interpretieren. Es könnte sein, dass zu Beginn des einundzwanzigsten Jahrhunderts die Regierungen auf der ganzen Welt sich einfach darauf geeinigt haben, dass es niemanden mehr wirklich interessiert. Es könnte aber auch sein, dass der Wandel Ausdruck einer passiven Anpassung an die historische Entwicklung ist, einer Politik der sanften Offenlegung. Aus meiner Sicht begann die neue Politik der sanften Offenlegung an einigen überraschenden Orten.

Im Jahr 2011 gab es beispielsweise einen sehr kuriosen öffentlichen Streit zwischen den USA und der britischen Regierung. Dabei ging es um die Forderungen der USA nach Auslieferung eines Computerhackers namens Gary McKinnon. In seiner Freizeit war es McKinnon gelungen, Daten, Bilder und Texte von NASA-Computern einzusehen und herunterzuladen, die auf Kontakte und sogar eine Zusammenarbeit mit Außerirdischen hinzudeuten schienen.

Die Angelegenheit wurde öffentlich im Parlament diskutiert – man kann sie auf YouTube verfolgen. Und die britische Regierung reagierte mit einer für sie untypisch harten Linie gegenüber ihrem außenpolitischen Verbündeten. Großbritannien weigerte sich, Gary McKinnon an die USA auszuliefern, wo ihm eine bis zu sechzigjährige Haftstrafe drohte. Die britische Regierung ging sogar noch weiter und verabschiedete im Parlament einen Gesetzentwurf zur Änderung der Auslieferungsgesetze des Vereinigten Königreichs mit den USA, um Gary McKinnon zu schützen.

Es war ein wenig surreal, die öffentliche Diskussion dieses Konflikts im Parlament zu beobachten. Die Berichterstattung über die NASA-Bilder von ET-Raumschiffen und die Namen der ET-Offiziere – ohne dass jemals ein offizieller Kommentar zur Glaubwürdigkeit oder zu den Implikationen der Daten selbst abgegeben wurde – war sogar noch merkwürdiger.

Ich hätte diesen Veränderungen in der öffentlichen Diskussion über ET-Hypothesen kaum Beachtung geschenkt, wenn es nicht einen Schritt aus dem Vatikan gegeben hätte, den ich definitiv nicht kommen sah. Im Mai 2008 begann Pater José Gabriel Funes, ein Jesuit, sich öffentlich über die Möglichkeit von ET-Kontakten zu äußern. Das hätte vermutlich nicht viel Aufsehen erregt, wenn Pater Funes nicht ein hochrangiger Theologe des Vatikans und der Direktor der Vatikanischen Sternwarte gewesen wäre. Der Kern der Aussagen von Pater Funes war, dass die christlichen Gläubigen sich darauf vorbereiten müssten, »früher als erwartet« auch unsere außerirdischen Brüder und Schwestern zu lieben.

Für mich deutet die von Pater Funes verwendete Formulierung, theologisch Raum dafür zu schaffen, auch Außerirdische als unsere Schwestern und Brüder zu betrachten, darauf hin, dass der Vatikan uns nicht auf einen Bakterienfund unter einem Felsen oder einen Algenfleck auf einem fernen Mond vorbereiten wollte. Sie bereiteten die Gläubigen auf den Kontakt (oder die Offenlegung des Kontakts) mit anderen Zivilisationen vor.

Als sei diese theologische Bombe nicht genug, zeigte sich kurz darauf, dass die Pressemitteilung von Pater Funes nur der Auftakt zu etwas noch viel Offiziellerem war. Im Jahr 2009, während seiner kurzen Amtszeit als Papst, forderte Benedikt XVI. die Päpstliche Akademie der Wissenschaften auf, ein internationales Kolloquium einzuberufen, um speziell die theologischen Implikationen des Kontakts mit außerirdischen Zivilisationen zu diskutieren. So etwas hatte ich noch nie gehört!

Das Kolloquium von dreißig Wissenschaftlern und Theologen traf sich zu einer fünftägigen Klausurtagung, die im November 2009 zu einer offiziellen Pressemitteilung im Namen des Vatikans führte. Pater Funes erklärte:

»[Astrobiologie] steht nicht im Widerspruch zu unserem Glauben, weil wir der schöpferischen Freiheit Gottes keine Grenzen setzen können. Um es mit dem heiligen Franz [von Assisi] zu sagen: Wenn wir irdische Geschöpfe als unsere Brüder oder Schwestern betrachten können, warum sollten wir dann nicht von einem ›Bruder Alien‹ sprechen? Auch Aliens würden ja zur Schöpfung gehören. So wie es auf der Erde eine Vielzahl von Geschöpfen gibt, könnte es durchaus sein, dass es auch andere intelligente Wesen gibt, die von Gott geschaffen wurden.«

Nach dieser Ankündigung des Vatikans fragte ich mich, ob Rom vielleicht mit einer »früher als erwartet« stattfindenden Offenlegung aus anderen maßgeblichen Quellen rechnete und die Gläubigen schon im Vorfeld beruhigen wollte. Die Einberufung eines Kolloquiums mit einem derartigen Auftrag und die Veröffentlichung derart kühner Erklärungen – und das alles unter einem so konservativen Papst wie Benedikt XVI. – signalisierten eine dramatische Wende des Vatikans. Schließlich ist es erst knapp vierhundert Jahre her, dass dieselbe Institution Menschen auf dem Scheiterhaufen verbrennen ließ, nur weil sie angedeutet hatten, auch andere Planeten könnten von intelligenten Spezies bewohnt sein.

Hätte ich die Keilschrifttexte vor diesen Veränderungen des Meinungsklimas gelesen, wäre ich weniger geneigt gewesen, ihnen so viel Glauben zu schenken. Das liegt daran, dass die Glaubwürdigkeit, die wir Daten zubilligen, nicht nur etwas mit der Qualität dieser Daten, sondern auch eine ganze Menge mit unseren Kontrollüberzeugungen zu tun hat, mit jenen Glaubenssätzen also, die unser Verhalten steuern.

Wenn ich glaube, dass wir allein im Universum sind, könnte ich als gläubiger Christ die Realität der von meiner Glaubensgemeinschaft bestätigten Wesenheiten – Gott, Menschen, Engel, Dämonen – akzeptieren, aber ich würde automatisch jede andere Spezies oder Intelligenz ausschließen. Wenn wir glauben, dass es nur uns gibt, müssen wir alle Thesen von *Plural-Elohim*, *ET-Ben-Elohim,* sumerischen Himmelswesen oder außerirdischer Einmischung in den menschlichen Fortschritt als Fiktion betrachten. Wir müssen die Vorstellung ausschließen, dass in unseren alten Mythologien Erinnerungen enthalten sind. Unsere Kontrollüberzeugungen lassen es einfach nicht zu.

Diese Kontrollüberzeugungen ändern sich in der Regel nur langsam. Das gilt für den Einzelnen und noch mehr für eine Kultur. Es war also nur ein kurzer Moment dieses Paradigmenwechsels, als sich am 9. Mai 2001 mehr als sechzig Zeugen aus Militär, Regierung, Unternehmen, ziviler Luftfahrt und Wissenschaft im National Press Club in Washington DC versammelten, um mit ihrem persönlichen Wissen bezüglich ET-Kontakte und ET-Technologien an die Öffentlichkeit zu gehen.

Viele der Zeugen waren Männer in vorgerücktem Alter, die ihre Sicherheitsvereinbarungen und Sicherheitsprotokolle sowie jahrzehntelanges offizielles Schweigen brachen, als sie vor einem großen Medienpublikum aussagten. Einige von ihnen weinten, als sie zum ersten Mal über ihr Wissen sprachen und die Macht von Befehlen, Drohungen und psychischer Programmierung überwanden, die sie jahrzehntelang zum Schweigen gebracht hatte.

Damit sich unser kulturelles Weltbild ändert und Kontrollüberzeugungen aufgebrochen werden, braucht es mutige Momente wie diese, und zwar sehr viele. Solche Momente brauchen auch den Sauerstoff öffentlicher Wahrnehmung. An der Offenlegungsveranstaltung im Jahr 2001 nahmen zahlreiche Vertreter großer Medienunternehmen teil, die sich aber alle dafür entschieden, *nicht* über das Ereignis zu berichten. Andere öffentliche Akteure waren hingegen bereit, öffentlich zu dem Ereignis Stellung zu nehmen – darunter ein Mitglied der vatikanischen Kurie, des Leitungsgremiums der römisch-katholischen Kirche. Es handelte sich um Monsignore Corrado Balducci, der in der Erzdiözese Rom als leitender Theologe und Exorzist tätig und gut mit Papst Johannes Paul II. befreundet war. Daher waren die öffentlichen Erklärungen, die er nach der Enthüllung im Jahr 2001 abgab, von großer Bedeutung. Er sagte: »[Begegnungen mit Außerirdischen] sind nicht dämonisch. Sie sind nicht auf eine psychologische Beeinträchtigung zurückzuführen. Es handelt sich dabei nicht um Fälle von Besessenheit … Diese Begegnungen verdienen es, sorgfältig untersucht zu werden.«

Nach Monsignore Balducci äußerte sich bald ein weiterer hochrangiger Vertreter des römischen Klerus zu dem Thema – Dr. Guy Consolmagno, leitender Astronom am Vatikanischen Observatorium auf dem Mount Graham, Arizona.

In einem 2006 in *Harper's Magazine* veröffentlichten Artikel ging er auf die Frage ein, wie wir unsere heiligen Texte interpretieren sollten und welche Arten von Wesenheiten wir in ihnen zu finden erwarten können. Er zitiert die rätselhaften Worte Jesu aus dem Johannesevangelium: *»Ich habe noch andere Schafe, die nicht aus diesem Stall sind; auch sie muss ich führen.«* Dr. Consolmagno fährt fort: »Es gibt zweifellos nicht-menschliche, intelligente Wesen in der Bibel ... Alle Wesen dieses Universums, die von demselben Gott erschaffen wurden und geliebt werden, der uns erschaffen hat und liebt ... Würden sie es verdienen, als Fremde [Aliens] bezeichnet zu werden?«

Die Gesprächskultur des einundzwanzigsten Jahrhunderts gestattet es uns, andere Fragen zu stellen als in früheren Zeiten. In diesem neuen Klima der behutsamen Offenlegung bislang geheimer Informationen stieß ich auf so viel Übereinstimmung, was das Thema außerirdischer Besuche auf der Erde anging, dass ich der These, die sumerischen Legenden wären reine Fiktion, keinen Glauben mehr schenken mochte.

Nun konnte ich mir die Frage gestatten, ob die sumerischen und babylonischen Mythologien vielleicht tatsächlich alte Erinnerungen transportieren und ein Licht auf jene Wesen werfen, die sich hinter der Pluralform *Elohim* verbergen.

Wenn die Geistlichen und Naturwissenschaftler Funes, Balducci und Consolmagno Recht haben und wir und unsere interstellaren Nachbarn wirklich eine Familie sind, wie ist diese Verwandtschaft dann genau beschaffen? Sollen wir, Pater Funes folgend, »Bruder Alien« in unsere Gebete einschließen? Oder sind wir, wie Erich von Däniken vermutet, »Kinder der Außerirdischen«? Oder weisen uns Colonel Al Worden, die Plural-Genesis und die mesopotamischen und mesoamerikanischen Mythologien den Weg, indem sie *uns* als die Außerirdischen identifizieren – als eine hybride Rasse, die von ET-Halbgeschwistern erschaffen wurde?

Maxim Makulov und Vladimir Shcherbak glauben, die Antwort zu kennen. Die beiden Wissenschaftler von der Kasachischen Nationalen Al-Farabi-Universität und dem Astrophysikalischen Institut Fessenkow haben sich dreizehn Jahre lang dem Humangenomprojekt gewidmet und die Codierung der menschlichen DNA kartiert. Dabei gelangten sie zu dem Schluss, dass der Mensch von außerirdischen Intelligenzen künstlich geschaffen wurde und in unserer DNA *»arithmetische Muster«* und *»symbolische Sprache«* kodiert sind.

Das Forscherteam veröffentlichte seine Ergebnisse zur Begutachtung in der internationalen Wissenschaftszeitschrift *Icarus*. Sie gelangten zu dem Schluss, dass 97 Prozent der nicht kodierenden Sequenzen unserer DNA – das, was in der Vergangenheit umgangssprachlich als *Junk-Coding* bezeichnet wurde – in Wirklichkeit gar kein Junk, kein »Datenmüll«, sondern genetischer Code von außerirdischen Lebensformen ist.

Wenn Ihnen das zu sehr nach »alternativer Wissenschaft« klingt, muss man doch sagen, dass Makulov und Shcherbak mit ihrer Position nicht allein stehen. Auch sind sie auf ihrem Fachgebiet keineswegs Außenseiter. Vielmehr gehören die beiden zu den größten Autoritäten der gegenwärtigen DNA-Forschung. Das Fundament für ihre These wurde bereits 1981 von anderen bedeutenden DNA-Forschern entwickelt. Der

Chemiker Leslie Orgel sowie der Physiker und Biologe Francis Crick waren Mitverfasser dieser Studie.

Francis Crick ist ein bekannter Name, denn er ist die eine Hälfte von Watson und Crick, dem Wissenschaftsduo, das 1962 den Nobelpreis für die Entdeckung der Doppelhelixstruktur der DNA erhielt. Wir haben es hier also nicht mit Spinnern zu tun, sondern mit maßgeblichen Stimmen der offiziellen Wissenschaft. Und als interessante Fußnote sei erwähnt, dass die Zeitschrift, in der Orgel und Crick ihre bahnbrechende Arbeit zum Thema ET-Aussaat oder *Panspermie* veröffentlichten, damals von unserem Freund Carl Sagan herausgegeben wurde!

In Carl Sagans Roman *Contact* war das Zeichen, das die intelligente außerirdische Urheberschaft des interstellaren Signals bewies, die Wiederholung der Primzahlen im Code. Das war ein Wecksignal. Die außerirdische Intelligenz wusste, dass Primzahlen unsere Aufmerksamkeit erregen würden, weil sie nicht zu den Zahlen gehören, die normalerweise in natürlichen Mustern vorkommen.

Makulov und Shcherbak haben den Beweis erbracht, dass die Primzahlsignatur tatsächlich von einer anderen Intelligenz auf uns übertragen wurde – allerdings nicht aus dem Weltall. Der mit einer Primzahlsignatur versehene Code ist unser eigener genetischer Code.

Im gesamten genetischen Code der menschlichen DNA tauchen immer wieder Zahlen auf, die ein Vielfaches von 37 sind. Der russische Physiker Yuri Rumer identifizierte 1966 erstmals eine Reihe von Wiederholungen. Makulov und Shcherbak haben neun Vielfache von 37 in unserem Code identifiziert. In einem Gespräch mit *New Scientist* sagte Makulov, es sei »sehr schwierig«, dieses Muster »auf natürliche Prozesse zurückzuführen«.

Falls Ihnen nicht klar ist, was an dieser Wiederholung von Primzahlen so besonders sein soll: Makulov und Shcherbak weisen darauf hin, dass die Wahrscheinlichkeit einer solchen Wiederholung eins zu zehn Billionen beträgt! Mit meisterhaftem Understatement erklärte Makulov: »Es war sofort klar, dass der Code eine nicht zufällige Struktur hat.«

Dementsprechend sind die beiden nach dreizehn Jahren Forschung zu dem Schluss gekommen, dass der plötzliche Evolutionsschub, der vor Milliarden von Jahren auf der Erde stattfand, nicht auf zufällige Mutationen zurückzuführen ist. Makulov schreibt: *»Früher oder später … werden wir die Tatsache akzeptieren müssen, dass alles Leben auf der Erde den genetischen Code unserer außerirdischen Vettern trägt und dass die Evolution nicht das ist, wofür wir sie halten.«*

Dieser DNA-Beweis verleiht der fünfzig Jahre alten Theorie der Panspermie, wonach eine andere Intelligenz die genetischen Codes für intelligentes, biologisches Leben in der Milchstraße aussäte, Glaubwürdigkeit und eine gewisse Raffinesse. Diese seit Ende der 1960er Jahre von Erich von Däniken propagierte Theorie inspirierte Carl Sagans *Contact* ebenso wie die Kinofilme *Prometheus* von Ridley Scott und *Star Trek II: Der Zorn des Khan* von Nick Meyers.

In ihrem Artikel in *Icarus* äußern sich Makulov und Shcherbak über die interstellare Übertragung der Kodierung für Intelligenz: *»Einmal fixiert, könnte der Code über kosmologische Zeiträume hinweg unverändert bleiben. Tatsächlich ist er das langlebigste Konstrukt, das man kennt … Sobald das Genom entsprechend umgeschrieben ist, bleibt der neue Code mit einer Signatur in der Zelle und ihren Nachkommen eingefroren, die dann durch Raum und Zeit weitergegeben werden könnten …*

Er stellt einen außergewöhnlich zuverlässigen Speicher für eine intelligente Signatur dar.«

Wenn Crick, Orgel, Makulov und Shcherbak mit ihrer Theorie richtig liegen, dann könnte unsere Begegnung mit zumindest einigen unserer interstellaren Nachbarn weniger ein Fall von zufälliger Entdeckung als vielmehr ein Fall von Aussaat und Nachfolge sein!

Die Panspermie-Theorie hat in der wissenschaftlichen Gemeinschaft so viel Gewicht, dass man viel Geld in ihre Erforschung investiert hat. Als Test für diese Theorie startete die Europäische Weltraumorganisation im März 2004 eine Sonde zur Untersuchung eines Kometen mit dem einprägsamen Namen 67P/Churyumov-Garesimenko. Aufgabe der Sonde war es, die erste kontrollierte Landung auf einem Kometen vorzunehmen und nach Anzeichen von DNA zu suchen. Der Name der Sonde war *Rosetta* – zu Ehren des Steins von Rosetta, des historischen Codeknackers für die Hieroglyphen im alten Ägypten.

Am 12. November 2014 landete *Rosetta* nach einem Jahrzehnt geduldiger Suche auf der Oberfläche des Kometen und begann mit der Erkundung. Mit Hilfe eines Massenspektrometers wies die Sonde das Vorhandensein von Phosphor und der Aminosäure Glycin nach. Beide sind entscheidend für die Struktur von DNA, Proteinen und Zellmembranen. Ein an dem Projekt beteiligter Wissenschaftler namens Matt Taylor erklärte gegenüber der Presse: *»Das bedeutet, dass Kometen einen großartigen Cocktail aus organischem Material enthalten, aus dem sich unter den richtigen Bedingungen Leben bilden kann.«*

Diese konkreten wissenschaftlichen Daten gaben der Panspermie-Hypothese starken Auftrieb!

Das Kino erzählt eine andere, filmischere Version der Geschichte. Wenn Sie Ridley Scotts *Alien* und *Prometheus, Avatar* von James Cameron oder *Passengers* gesehen haben, werden Sie mit der Idee vertraut sein, Menschen oder Lebewesen in einer interstellaren Arche auf riesige Reisen durch den Weltraum zu schicken. Wenn wir auf dem Schiff umhergehen, finden wir die Menschen kryogenisch eingefroren oder in einem Zustand des Hyperschlafs, jeder in seiner eigenen Stasiskapsel, die bei der Ankunft geöffnet wird. Vielleicht finden wir sogar andere Lebewesen oder Klone, die in ihren künstlichen Trächtigkeitskapseln heranwachsen und bereit sind zu schlüpfen, wenn die Arche schließlich den Planeten erreicht, der kolonisiert werden soll.

Man könnte meinen, dass die Drehbuchautoren des einundzwanzigsten Jahrhunderts mit dieser Art von Fantasie das Boot wirklich überladen haben. Es mag wie eine Neufassung von Noahs Arche auf Steroiden klingen. In Wirklichkeit klingen diese interstellaren Geschichten wie eine andere alte Mythologie. Es handelt sich um einen der ursprünglichsten und ältesten Schöpfungsmythen, die Zulu-Legende von Unkulunkulu.

Die Geschichte von Unkulunkulu ist wunderschön und eindrucksvoll – eine kraftvolle filmische Version der Panspermie. Nach der Zulu-Legende beginnt die menschliche Geschichte …

… als es nichts als Dunkelheit gab und die Erde ein lebloser Fels war. Aus der Dunkelheit sandte das als Umvelinqangi bekannte Wesen einen Samen zur Erde. In diesem Samen steckte das Leben, aus dem alles Leben auf der Erde hervorging.

Der Samen landet im Erdboden und sprießt zu einem Schilfbett voller Samenkapseln. Das Schilfbett wird Uthlan-

ga genannt. In einer der Samenkapseln wuchs ein Mann namens Unkulunkulu – der erste Vorfahre. Am Anfang ist er ein winziger Fleck. Nach und nach wächst er und formt sich, bis Unkulunkulu so groß und schwer ist, dass die Schote aus dem Schilf fällt und aufplatzt.

Als Unkulunkulu herumläuft, findet er andere Menschen in ihren Samenkapseln. Unkulukulu öffnet ihre Schoten und lässt sie frei. Sie sind die ersten Menschen und die Vorfahren aller Völker der Welt.

Als Unkulunku seine Wanderung auf Uthlanga fortsetzt, findet er viele Lebensformen, die in ihren eigenen Samenkapseln wachsen. Unkulunkulu bricht die Schoten auf, sammelt die Fische ein und wirft sie in die Flüsse.

Er sammelt die Vögel und Antilopen ein und lässt sie in die Wildnis frei.

Er züchtet das Vieh und schickt die Raubtiere in die Dschungel und Ebenen.

Aber die Menschen sind nicht ganz allein. Um den Menschen zu helfen, von der Subsistenz zum Wohlstand zu gelangen, kommt ein weibliches Wesen namens Mbab Mwana Waresa und lehrt die Menschen, wie man Landwirtschaft betreibt und Bier herstellt.

Ich liebe dieses Detail. Bier ist das Produkt von angebautem Getreide. Bier und Landwirtschaft gehören also zusammen. Die Zulu preisen Mbab Mwana Waresa für diese großartigen Geschenke an die Menschheit.

Doch auch diese Geschichte hat ein dunkles Element. Wie die Geschichte der Efik, des Popol Vuh, der Keilschrifttafeln und der Genesis erzählt die Zulu-Geschichte vom Tod und davon, wie die Menschen sterblich wurden.

Unkulunkulu schickt ein Chamäleon, um den Menschen zu sagen: »*Die Menschen werden nicht sterben.*« Aber das Chamäleon war zu langsam. Es wird von einer Eidechse besiegt, die schlauer und schneller ist. Leider kommt das schnellere Reptil mit einer anderen Botschaft: »*Die Menschen werden sterben.*« Von diesem Tag an waren die Menschen sterblich.

In diesem letzten Teil der Geschichte hören wir ein Echo des Konflikts zwischen Enlil und Enki über den Plan, die Menschheit mit Hilfe der Flut zu vernichten. Es sind Anklänge an die Übereinkunft zwischen den Himmelswesen und den Mächtigen, die menschliche Lebensspanne zu begrenzen und die Menschen sterblich zu machen. Beide Elemente finden sich auch in der biblischen Erzählung.

Die Zulu-Legende birgt für das Zulu-Volk viele Schichten, und ich möchte nicht in all diese schönen und heiligen Schichten eindringen. Aber das Motiv, dass das Leben – Pflanzen, Tiere und Menschen in Samenform – von einem anderen Ort auf die Erde kam, ist eine Geschichte, die zu mächtig ist und zu viel Resonanz hat, als dass die Welt sie ignorieren könnte. Und vielleicht gibt es einen Grund dafür, dass zeitgenössische Geschichtenerzähler uns diese Geschichte so oft erzählen? Fiktion klingt am längsten nach, wenn sie eine Wahrheit über uns selbst erzählt. Könnte die Zulu-Legende ein solcher Fall sein?

Natürlich geht es bei all dem nicht um die Frage, woher das Leben ursprünglich kommt, sondern nur um die Art und Weise, wie Leben und Intelligenz durch das Universum wandern.

Makulov und Shcherbak haben nicht die Vision eines Raumschiffs mit Stasiskapseln, sondern von Objekten wie Kometen, die die DNA-Kodierung der Mutterkultur durch die Galaxis tragen. Die Absender haben die Kodierung in der

Milchstraße verbreitet, weil sie wissen, dass auf gastfreundlichen Planeten die in den DNA-Sequenzen kodierten Lebensformen wachsen und sich vermehren werden. In dieser biologischen Diaspora säen die Absender buchstäblich die Saat von Zivilisationen, die Äonen in der Zukunft bereit sein werden, ihre Arbeit fortzusetzen.

Angesichts der These von Maulov und Shcherbak stellte sich mir die Frage, wie genau diese Fortsetzung aussehen könnte. Könnte sie eine weitere Optimierung beinhalten – die Art von Optimierung, die einen Primaten in einen Hominiden, einen Hominiden in einen *Homo erectus* und einen *Homo erectus* in einen Menschen verwandelt?

11

Gottvater, ich habe Fragen …

»Also, Paul, damit ich das richtig verstehe. Du willst mir sagen, dass du von einem genetisch veränderten Klon eines Hybriden aus einem Hominiden und einem ET abstammst? Also, im Gegensatz dazu, mein alter Freund, bin ich sehr glücklich, sagen zu können, dass ich ein Kind Gottes bin – was meiner Meinung nach der bessere Deal ist! Willst du noch ein Bier?«

Ich war wieder einmal in der Kneipe *Oldstream Pass*, um mit meinem theologischen Freund Brad zu plaudern. Er fuhr fort: »Irgendwie hatte ich immer vermutet, dass du das Ergebnis eines Kometen sein könntest, von dem zufällig Säure in den Ozean tropfte! Aber ganz ehrlich, Paul, du kannst nicht glauben, was du da sagst, und dich trotzdem als orthodoxen Christen bezeichnen. Im Glaubensbekenntnis heißt es: *Wir glauben an den einen Gott, den Vater, den Allmächtigen, der alles geschaffen hat, Himmel und Erde, die sichtbare und die unsichtbare Welt.* Ich denke, das schließt aus, was du da sagst.«

Nicht wirklich. Die Millionen von Menschen, die an den Aussagen des Nizänischen Glaubensbekenntnisses festhalten, haben kein Problem damit, die Beziehung Gottes zu den Dingen zu verstehen, die wir Menschen geschaffen haben. Unser himmlischer Vater hat zum Beispiel nicht die Skyline von Manhattan erschaffen, so schön sie auch ist. Gott hat nicht die Stadt Hongkong oder das Land, auf dem sie steht, erschaffen. Er hat auch nicht das Opernhaus von Sydney, das London Eye oder den schiefen Turm von Pisa gebaut.

Es ist nicht schwer herauszufinden, dass der Mensch diese Dinge zwar erschaffen hat, dass aber nichts von ihnen ohne Gott existieren könnte, der die Quelle jedes Atoms, jedes Protons, Elektrons, Photons, jeder Energie, Materie, dunklen Materie oder Antimaterie ist. Wenn wir das Wort *Gott* oder *Schöpfer* verwenden, bekräftigen wir in Wahrheit die Vorstellung von Gott als der ultimativen Quelle aller Dinge, dem Grund allen Seins. Er ist das Bewusstsein und der Wille, von dem alles andere abhängt und von dem alles andere ausgeht.

Wenn wir glauben, dass Gott die Quelle des Lebens selbst ist, dann gilt diese Logik für alle Lebewesen. Meine Familie besaß zum Beispiel einen wunderschönen deutschen Schäferhund namens Saba. Gott hat den deutschen Schäferhund, wie wir ihn kennen, nicht erschaffen. Vor weniger als einem Jahrhundert gab es nichts, was dem modernen Deutschen Schäferhund ähnelte. Wir haben sie über ein Jahrhundert so gezüchtet, dass sie eine andere Größe und Gestalt entwickelten als ihre Vorfahren. Das Wissen, dass wir sie genetisch verändert und gekreuzt haben, lässt mich nicht zu dem Schluss kommen, dass Gott meinen Hund nicht liebte!

»Wusstest du«, sagte ich, »dass in den letzten Jahren neue Bärenarten auf der Erde aufgetaucht sind? Da sich das Klima auf der Erde erwärmt und unsere Eisfelder allmählich schmelzen, hat man festgestellt, dass sich Eisbären (engl. »Polarbären«) mit weiter nach Norden gewanderten Grizzlybären vermischt haben. Das Ergebnis: eine neue Bärenart! Sie nennen sie ›Grolarbären‹ oder ›Pizzlies‹. Wenn wir das Klima beeinflusst haben, dann ist das unser Werk, aber ich habe kein Problem damit zu glauben, dass unser himmlischer Vater die Grolarbären und Pizzlies genauso liebt wie ihre reinrassigen Eltern.«

Das Gleiche gilt für Dolly. Sie war eine echte Pionierin. Tatsächlich hatte es nie zuvor ein Schaf wie Dolly gegeben. Alle bisherigen Schafe waren – soweit wir wissen – aus einem Schafsei hervorgegangen, das in der Gebärmutter mit dem Sperma eines Widders befruchtet wurde. Das Ei, aus dem Dolly entstand, wurde *in vitro* befruchtet, außerhalb des lebenden Organismus – und zwar nicht von einem Schafbock, sondern von einem DNA-Extrakt ihrer Mutter. Dolly war ein Klon.

Dolly, das erste geklonte Schaf der Welt, wurde 1996 geboren und lebte ein langes und glückliches Leben, bis es 2003 an Altersschwäche starb. Der Mensch hat Dolly, das Schaf, nicht *ex nihilo* erschaffen – aus dem Nichts. Wir haben es einfach geklont. Heute können wir unsere geklonten Schafe spleißen, verändern und an unsere Bedürfnisse anpassen.

Was auch immer der Allmächtige davon halten mag, dass wir mit dem Klonen von Lebewesen experimentieren, ich glaube nicht, dass wir Grund zu der Annahme haben, Gott hätte Dolly wegen ihrer Abstammung weniger geliebt. Wenn Gott die Quelle des Bewusstseins, des Lebens, des Lebenswillens, die Quelle eines jeden Protons, Elektrons, Photons und überhaupt von allem ist, dann sehe ich keinen Grund, von unserem himmlischen Vater zu glauben, er wäre Dolly gegenüber distanzierter und weniger liebevoll gewesen. Wenn wir

Homo sapiens tatsächlich von unseren galaktischen Nachbarn genetisch verändert oder von früheren Hominiden künstlich angepasst wurden, heißt das dann, dass Gott, der Erhalter jedes Atoms und die Quelle des Lebens, des Atems und des Bewusstseins, nicht unser Vater ist?

Wenn Gott die Quelle eines jeden Atoms, Protons und Elektrons ist, das mein Bewusstsein trägt, dann kann ich mich immer noch an meinen Gott wenden und sagen: *»Du selbst hast mein Innerstes geschaffen, hast mich gewoben im Schoß meiner Mutter ... Dir waren meine Glieder nicht verborgen, als ich gemacht wurde im Verborgenen, gewirkt in den Tiefen der Erde. Als ich noch gestaltlos war, sahen mich bereits deine Augen. In deinem Buch sind sie alle verzeichnet: die Tage, die schon geformt waren, als noch keiner von ihnen da war.«* (Psalm 139,13-16)

Das ist etwas, was ich bestätigen kann, egal ob ich im Uterus oder *in vitro* gezeugt wurde, egal ob mein Blut rein und einfach menschlich ist oder menschlich mit ein paar außerirdischen Tropfen!

Pater Funes vom Vatikanischen Observatorium schlägt vor, dass die Gläubigen ihr Bild von Gottes Elternschaft und liebevoller Fürsorge auf die gesamte Schöpfung ausdehnen sollen – auf jeden Menschen – auf jede Spezies im gesamten Universum.

Die Gemeinsamkeiten der Schöpfungsmythen herauszuarbeiten, fühlte sich an wie eine Einladung, mich als Teil einer größeren Schöpfung zu sehen. Ein Blick in die Fotoalben unserer etwas entfernteren Verwandtschaft zeigte mir, dass meine Familie viel größer ist, als ich mir jemals vorgestellt hatte!

Aber wo passt Gott in dieses Bild hinein? Wenn die Geschichten von Gott, wie er wirklich ist, nicht mit dem ersten Vers der Genesis beginnen, wann taucht er dann auf? Wenn wir die Offenbarung Jesu als unser Objektiv benutzen, wann wird dann zum ersten Mal der eine Gott, der Vater Jesu, für uns deutlich wahrnehmbar?

Wird der wahre Gott durch sein Erscheinen im brennenden Dornbusch und sein Gespräch mit Mose in die Geschichte eingeführt?

Mir war schon immer aufgefallen, dass diese Begegnung Mose ziemlich verwirrt zurückließ. Er reagierte, als wüsste er gar nicht wirklich, wer da eigentlich mit ihm spricht. Er ist ratlos, wie er seinem Volk die Identität dieses brennenden Busches erklären soll. Das ist bemerkenswert. Wenn Mose ein Nachkomme Jakobs, ein Nachkomme Abrahams ist, wie kann er dann diesen Gott nicht kennen? Also offenbart sich ihm hier etwas zutiefst Neues.

Mose ist nicht der Einzige, bei dem Jahwes Erscheinen Verwirrung auslöst. Wenn das Volk Israel gewusst hätte, dass sein Gott Jahwe der ultimative Gott, der Allmächtige, die Quelle aller Dinge ist, dann wäre die Geschichte dieses Volkes, wie sie in der Bibel geschildert wird, wohl völlig anders verlaufen. Der wiederholte Abfall der Israeliten von Gott und ihre Rückfälle in die götzendienerische Anbetung anderer Wesenheiten sind unerklärlich, bis man erkennt, dass das Volk Israel schon früh nicht wusste, wie es seinen Jahwe von all den anderen Wesenheiten, die es kannte, unterscheiden sollte – also von den Mächtigen, den Himmelswesen, seinen Nachbarn und den eigenen Vorfahren.

Obwohl Josua das Volk Israel klar dazu aufruft, die Mächtigen abzulehnen und sich ausschließlich Jahwe zuzuwenden, ist deutlich zu sehen, dass es lange dauert, bis sich dieser neue monotheistische Lebensstil und Glaube durchsetzt.

Währenddessen berichten ihre Führer und Schriftgelehrten über ihre Reisen und ihre sich entwickelnde Beziehung zu Jahwe. Wenn wir zu den geringeren Propheten wie Hosea kommen, lernen wir, dass der wahre Gott uns liebt – nicht wegen irgendetwas, was wir getan haben, um uns dieser Liebe würdig zu erweisen, sondern einfach weil Gott Liebe ist. Beim Propheten Amos sehen wir, dass der wahre Gott jede Bevölkerungsgruppe liebt und Güte und Gerechtigkeit für jedes menschliche Wesen will – selbst wenn die Menschen die falschen Götter anbeten! Die Propheten sagen uns, dass der wahre Gott nicht an einer Opferreligion interessiert ist. Das Opfer, das er liebt, besteht darin, dass wir gegenüber den anderen Mitgliedern der menschlichen Gesellschaft Liebe, Güte, Freundlichkeit und Gerechtigkeit praktizieren.

Das Problem ist, dass sich das alte Bild auch nach der Ankunft Jahwes als Gestalt der biblischen Geschichte nicht sofort auflöst. Es wäre einfach, wenn es einen klaren Schnitt zwischen den *Elohim*-Geschichten und den Jahwe-Geschichten gäbe. Aber das ist nicht der Fall. Außerdem ist nicht ganz klar, ob die Mächtigen der Nachbarn Israels heute nur noch Wesenheiten aus uralten Erinnerungen sind, oder ob sie immer noch existieren.

Erst im Bericht Daniels aus dem babylonischen Exil tauchen andere mächtige Wesenheiten als gegenwärtiges Phänomen auf. Im zehnten Kapitel dieses Buches besucht ein Engel Gottes den israelitischen Prinzen Daniel und berichtet, dass er einige Schwierigkeiten hatte, rechtzeitig dorthin zu gelangen, weil er zuerst mit einer anderen mächtigen Wesenheit kämpfen musste, die er den Wächter von Persien nennt. Könnte dieser Wächter eines der problematischen Mitglieder des Rates sein? Wer auch immer er ist, er ist offensichtlich eine Macht, mit der man rechnen muss.

Die Frage wird im Buch der Richter erneut aufgeworfen, als Jahwe das Volk auffordert, sich nicht vor den Mächtigen der Amoriter zu fürchten, in deren Land sie leben. Wenn es sich bei den Mächtigen nur um Erinnerungen oder Bilder handelte, warum sollte er das einem Volk sagen, das von Jahwe, dem Allmächtigen, unterstützt wird? Warum spricht er von der Anwesenheit der Mächtigen, als wären sie eine reale Gefahr?

Im 2. Buch der Könige fällt Ahasja, der König von Juda, aus einem Fenster im oberen Stockwerk seines Palastes und verletzt sich dabei schwer. Elija, der örtliche Prophet Jahwes, erfährt, dass der König im Begriff ist, Boten zu Beelzebul, dem Mächtigen (Himmelswesen) von Ekron zu schicken, um sich von diesem prophezeien zu lassen, ob er überleben wird. Als der Prophet davon erfährt, geht er zu dem armen König, der gebrochen und mit tödlichen Schmerzen auf seinem Bett liegt, und schimpft im Namen Jahwes auf den armen König: *»Gibt es denn keinen Gott [Mächtigen] in Israel, so dass du Boten aussenden musst, die Beelzebul, den ›Herrn der Fliegen‹, den Gott [Mächtigen] von Ekron, befragen sollen? Darum wirst du von dem Lager, auf das du dich gelegt hast, nicht mehr aufstehen; denn du musst sterben.«*

Es ist, als stünden Jahwe und der Mächtige von Ekron in einer Art Götterwettstreit. Tatsächlich verspottet Jahwe sogar den Namen des anderen Gottes. »Herr der Fliegen« ist um einen Buchstaben anders als sein richtiger Name, der »Herr und Fürst« bedeutet. Außerdem verwendet er das gleiche Wort, *Elohim*, um sowohl sich selbst als auch den Herrn und Fürsten von Ekron zu bezeichnen. Damit werden beide als Mächtige, also als Teil der himmlischen Ratversammlung, bezeichnet. Wenn der Herr und Fürst von Ekron nur ein Totem oder ein Gegenstand war und Jahwe der Allmächtige ist, der für Ahasja bereit und verfügbar ist, dann macht sowohl das Verhalten Jahwes als auch das des Königs wenig Sinn. Und Jahwe kennt Ahasja gegenüber keine Gnade – zumindest nicht, wenn er tatsächlich so ist, wie er aus Elijas Sicht dargestellt wird.

Welches Bild hatte König Ahasja von Jahwe, wenn er statt seiner die prophetischen Fähigkeiten des Mächtigen von Ekron bevorzugte? Ahasjas Verhalten ist nur ein Beispiel für viele ähnliche Verfehlungen unter Generationen von Königen in Israel und Juda. Worin genau bestand der Reiz anderer *»Götter«*, wenn diese Götter gar nicht real waren und die Könige doch den echten, lebendigen Jahwe, den Allmächtigen, bei sich hatten?

Das ist ein Rätsel, das auch in den Zehn Geboten des mosaischen Judentums (Exodus 20 und Deuteronomium 5) gegenwärtig ist. Das erste Gebot lautet: *»Du sollst keine anderen Götter haben neben mir.«*

Wenn es keine anderen Götter (Mächtige) gibt, warum muss das dann gesagt werden? Wir könnten rationalisieren und mit der Erklärung aufwarten: »Oh, bestimmt meint er hier imaginäre Götter oder Bildnisse.« Aber das wird schon im nächsten Satz erörtert: *»Du sollst dir kein Kultbild machen und keine Gestalt von irgendetwas am Himmel droben, auf der Erde unten oder im Wasser unter der Erde. Du sollst dich nicht vor ihnen niederwerfen und ihnen nicht dienen. Denn ich bin der HERR, dein Gott, ein eifersüchtiger Gott: Ich suche die Schuld der Väter an den Kindern heim, an der dritten und vierten Generation, bei denen, die mich hassen; doch ich erweise Tausenden meine Huld bei denen, die mich lieben und meine Gebote bewahren …«* (5. Mose 5,8)

Das Gebot impliziert, dass es viele dieser mächtigen Wesen geben muss, doch nur Jahwe soll akzeptiert werden. Das entspricht

Josuas Appell an die Stämme Israels, die Götter (Mächtigen) ihrer Nachbarvölker und der eigenen Vorfahren abzulehnen.

Es gibt in diesem Bild noch eine weitere Ebene. Die Konsultation des Mächtigen von Ekron muss nicht unbedingt durch eine persönliche Begegnung zwischen Ahasjas Boten und einem mächtigen Wesen erfolgt sein. Die Konsultation der Ekroniten kann auch Formen der Wahrsagerei beinhaltet haben, das Deuten von Mustern aus Stöcken oder Steinen oder das Lesen der Eingeweide geopferter Tiere. Möglicherweise saßen sie auch vor einer Götzenstatue oder vor einem Totem, in das Bilder realer oder fantastischer Kreaturen eingemeißelt waren, und ließen einen Propheten Botschaften jenes Mächtigen übermitteln, der durch die Figur oder das Bildnis repräsentiert wurde.

Das mag aus moderner Sicht merkwürdig erscheinen, aber es ähnelt außerordentlich der Art und Weise, wie die Könige von Israel und Juda und ihre Propheten Jahwe konsultierten, und das trotz der ausdrücklichen Anweisung, dass sie sich *»kein Kultbild machen und keine Gestalt von irgendetwas am Himmel droben, auf der Erde unten oder im Wasser unter der Erde«*. Jahwe gibt Mose Anweisungen für den Bau eines Objekts, das als Totem für die Gegenwart Jahwes dienen soll. Die *Bundeslade* oder *Stiftshütte,* wie sie genannt wird, soll mit zwei Skulpturen geflügelter Wesen geschmückt werden, die ihre Flügel auf beiden Seiten über den Sitz ausbreiten. Wann immer ein Anführer mit Jahwe beraten möchte, soll er auf dem Sitz zwischen den beiden Bildern platznehmen, um Anweisungen von Jahwe zu erhalten.

Wenn man das mit den Bräuchen der Nachbarstämme vergleicht, die mit anderen Mächtigen Kontakt pflegten, sind die Gemeinsamkeiten viel größer, als wir im Allgemeinen denken.

Ahasja hat also vielleicht eher Totems als Wesenheiten miteinander verglichen.

Die Frage der Anwesenheit beziehungsweise Nichtanwesenheit sowohl Jahwes als auch anderer Mächtiger ist demnach nicht ganz so eindeutig, wie wir es uns wünschen würden.

Es lässt sich auch nicht so einfach herausfinden, wann und wo in den hebräischen Schriften Darstellungen Gottes auftauchen, die in irgendeiner Weise mit dem Gottesbild Jesu harmonieren würden. Jahwes Urteil über König Ahasja, das ich bereits erwähnt habe, verblasst im Vergleich zu seiner harten Behandlung von König Saul – Israels erstem König – einem Mann, der nichts anderes versuchte, als treu Jahwes Anweisungen zu befolgen.

Im ersten Buch Samuel kehrt König Saul von einer siegreichen Schlacht zurück. Durch den Propheten Samuel hat Jahwe König Saul in den Krieg geschickt, um König Agag und sein Volk, die Amalekiter, zu bestrafen. Nach seiner Rückkehr aus der Schlacht grüßt Saul Samuel mit den Worten: »*Gesegnet seist du vom HERRN. Das Volk hat die besten von den Schafen und Rindern [der Amalekiter] geschont, um sie dem HERRN, deinem Gott, zu opfern …*«

Doch der Prophet unterbricht ihn und wirft ihm vor, Jahwe zu enttäuschen. Saul ist zunächst ratlos und verwirrt. Er sagt: »*Ich habe doch auf die Stimme des HERRN gehört; ich bin den Weg gegangen, auf den der HERR mich geschickt hat; ich habe Agag, den König von Amalek, hergebracht und an den Amalekitern den Bann vollzogen. Aber das Volk hat von der Beute einige Schafe und Rinder genommen, das Beste vom Banngut, um es dem HERRN, deinem Gott, in Gilgal zu opfern.*

Samuel erwidert: »*Gehorsam ist besser als Opfer*«, und erinnert Saul sorgfältig an das Kleingedruckte seines Kriegsbefehls.

Der Befehl Jahwes lautete nicht nur, die Amalekiter zu besiegen, sondern alle *»Männer und Frauen, Kinder und Säuglinge, Rinder und Schafe, Kamele und Esel«* zu töten. Jahwe hatte von Saul verlangt, einen Völkermord zu begehen und verbrannte Erde zurückzulassen. Diese Anweisung hatte Saul nicht ausgeführt. Samuel fährt fort: *»Lasst mich euch sagen, was der HERR [Jahwe] letzte Nacht zu mir gesagt hat: Es reut mich, dass ich Saul zum König gemacht habe. Denn er hat sich von mir abgewandt und meine Befehle nicht ausgeführt.«*

Saul begreift endlich, wie sehr er Jahwe beleidigt hat. Man beachte, dass das ganze Gespräch durch einen Propheten vermittelt wird, was ein hohes Maß an Demut seitens des Königs erfordert. Als Saul seinen Fehler begreift, ist er verzweifelt, schwört Jahwe seine Treue und fleht um Gnade. Zu Samuel sagt er: *»Ich habe gesündigt … Darum nimm doch die Sünde von mir weg und kehr mit mir zurück, damit ich den HERRN [Jahwe] anbete!«*

Samuel macht jedoch deutlich, dass Jahwe ihn verworfen hat und ihm niemals vergeben wird. Er lehnt Saul als König ab, ernennt einen Nachfolger, während Saul noch auf dem Thron sitzt, und schickt einen dämonischen Geist, der den König heimsucht und quält. Trotz dieser Angriffe versucht Saul immer noch, den Willen Jahwes zu ergründen, indem er den Geist des Propheten Samuel herbeiruft, der ihm das Wort Jahwes bringt. Aber Jahwe ist nicht zur Vergebung bereit und benutzt den dämonischen Geist, um Saul in den Wahnsinn und Selbstmord zu treiben. Wenn das die Art ist, wie Jahwe seine Freunde behandelt …

Wo der König versagt hat, tritt jetzt Prophet Samuel auf den Plan. »Bringt mir Agag!«, befiehlt er – und der Text geht weiter: *»Agag wurde in Fesseln zu ihm gebracht und sagte: Wahrhaftig, die*

Bitterkeit des Todes ist gewichen. Und Samuel hieb vor den Augen des HERRN [Jahwe] in Gilgal Agag in Stücke.«

Diese unappetitliche Geschichte markiert in der Geschichte Israels den Übergang des Königtums aus göttlichen Händen zu den Menschen. In der ägyptischen und sumerischen Mythologie geht das Königtum auf ähnliche Weise in menschliche Hände über. Allerdings übergibt das Himmelsvolk in diesen Fällen die Zügel der Macht ganz friedlich an seine menschlichen Nachfolger. Für den armen König Saul, Israels ersten menschlichen König, war der Übergang eine Tragödie. Aus dem ersten Buch Samuel geht hervor, dass Jahwe über die Entscheidung des Volkes Israel, ihn durch einen menschlichen König zu ersetzen, zutiefst beleidigt war. Dass Jahwe sich nach der Agag-Episode gegen Saul wandte, sieht tatsächlich wie ein rachsüchtiger Akt der Vergeltung aus, um Sauls Herrschaft zu sabotieren – und das alles mit der Begründung, dass Saul den Feind in einem Krieg besiegt, es aber nicht fertig gebracht hatte, einen totalen Völkermord durchzuführen. Dafür mag es militärische Gründe und Präzedenzfälle geben, aber es bräuchte schon einen genialeren Prediger als mich, um die Moral dieser Episode mit den Lehren Jesu in Einklang zu bringen.

Dies ist nur eine von vielen Jahwe-Geschichten, die unsere Moral in Frage stellen. Aber sie ist insofern bemerkenswert, als Jahwes Opfer ein Mann ist, der sein Bestes tut, um seiner Gottheit zu folgen und zu gehorchen. Andernorts in den hebräischen Schriften mangelt es nicht an Berichten über Jahwes Umgang mit den Stämmen Israels und ihren Nachbarn, die jeden Leser, der Jahwes Verhalten an der Offenbarung Gottes in Jesus misst, vor erhebliche Schwierigkeiten stellen dürfte.

Im zweiten Petrusbrief erfahren wir, dass der Mensch, um am Wesen Gottes teilzuhaben, Glauben, Tugend, Erkenntnis, Selbstbeherrschung, Frömmigkeit, Brüderlichkeit und Liebe praktizieren muss. Der Apostel Paulus sagt uns, dass die Liebe gütig ist, nicht eifert, nicht neidisch ist, nicht prahlt, nicht ungehörig ist, sich nicht zum Zorn reizen lässt und nicht nachtragend ist. Sie freut sich nicht über das Unrecht, sondern an der Wahrheit. Im Alten Testament gibt es Geschichten über Gott, in denen er einen Charakter offenbart, der zu diesen liebevollen Botschaften des Neuen Testaments in völligem Widerspruch zu stehen scheint. Sie werfen die Frage auf, wie schnell und deutlich sich eigentlich die Weltanschauung der Stämme und Schriftgelehrten Israels von polytheistischen Wurzeln zu monotheistischer Klarheit entwickelte.

Zur Zeit des Mose spricht Jahwe durch ein Feuer und steigt dann inmitten von Feuer und Rauch auf den Berg Sinai herab. Ähnlich verhält es sich, als Jahwe den Propheten Elija abholen will: Er taucht auf dramatische Weise in einem Fahrzeug auf, das vom Himmel herabfährt, Rauchwolken und Feuerstrahlen ausstößt, Elija mitnimmt und durch eine Art Wurmloch in den Himmel hinauffliegt. Elijas Abreise mit dem Fahrzeug erinnert auf seltsame Weise an die jenseitige Erfahrung des Propheten Hesekiel.

Braucht ein allmächtiger, transzendenter Gott wirklich ein Rauch ausstoßendes Fahrzeug, um sich fortzubewegen? Braucht er, um mit den Menschen zu kommunizieren, wirklich ein Totem oder eine »Bundeslade« als Hilfsmittel? Es ist nicht ganz klar, wo in den biblischen Offenbarungen eine Weltanschauung endet, die auf Erfahrungen mit den Mächtigen beruht, den *Elohim*, und wo eine klare Vision des wahren Gottes beginnt.

Am Anfang lesen wir eine Reihe von Geschichten über die Mächtigen. Gegen Ende des hebräischen Kanons haben wir Offenbarungen, die weitgehend mit dem übereinstimmen, was wir in den Evangelien von Jesus lesen. Dazwischen werden wir in ziemlich vielen Episoden mit Verhaltensweisen konfrontiert, die Jahwe zugeschrieben werden, aber mit dem Gott, den wir in Jesus sehen, nur sehr schwer in Einklang zu bringen sind. Man könnte die grausame und ungewöhnliche Behandlung König Sauls in *1. Samuel 15* erwähnen oder die Tötung von siebzig Israeliten, nur weil sie sich vor der Energie der Bundeslade fürchteten, die bei ihren Nachbarn, den Philistern, in *1. Samuel 6* Geschwüre verursacht hatte. Oder denken wir an den Massenmord an siebzigtausend unschuldigen Israeliten unter der Herrschaft von König David in *2. Samuel 24*. Alle diese Handlungen werden von den Erzählern Jahwe zugeschrieben.

Diese Zuschreibungen sind verwirrend und, wenn man sie nach irgendwelchen moralischen Maßstäben beurteilt, auch sehr beunruhigend. Gemessen an den Eigenschaften des Wesens Gottes, wie sie im Neuen Testament gepriesen werden, passen sie ganz einfach nicht ins Bild. Das ist das Problem, mit dem sich Origenes und Marcion in den Anfangsjahren des christlichen Glaubens auseinandersetzten.

Ob das Christentum die Lesart des zeitgenössischen Judentums von den *Elohim*-Geschichten als Gottesgeschichten einfach übernehmen würde, war keine ausgemachte Sache. Sogar auf den Seiten der Evangelien und der Apostelgeschichte können wir das Hin und Her der Debatten hören, als die frühen Christen entschieden, wie viel vom Judentum das Christentum bekräftigen sollte. Es dauerte Jahrzehnte, ja Jahrhunderte, bis die frühen Christen herausfanden, was es bedeutete, ein internationaler Glaube mit einem internationalen Erlöser zu sein, der zufällig jüdischen Wurzeln entsprungen war. So wie das mosaische Judentum das religiöse Gepäck seines Patriarchen und seiner Matriarchin Abraham und Sara (das heißt »die *Elohim* eurer Vorfahren«) ablehnen musste, stand das internationale Christentum vor der Frage, ob es vielleicht das religiöse Gepäck des jüdischen Glaubens, dem Jesus entsprungen war, abschütteln sollte. Die Antwort lautete »ja«. Im fünfzehnten Kapitel der Apostelgeschichte gelangte eine Ratsversammlung der Anführer des jungen Christentums unter dem Vorsitz des Jakobus, des Bruders Jesu, zu dem Schluss, dass das jüdische Gesetz für die christlichen Gläubigen keine Gültigkeit mehr haben sollte.

Das führte zu der Frage, wie mit den hebräischen Schriften, die diese moralisch dissonanten Gottesdarstellungen enthielten, zu verfahren war. Marcion war nicht der einzige, der vorschlug, sie auszusortieren und im christlichen Kanon nicht länger zu verwenden. Justin der Märtyrer und Clemens von Alexandria – beide bedeutende Kirchenführer des zweiten Jahrhunderts – argumentierten, die hebräischen Schriften seien das philosophische Erbe des jüdischen Volkes. Gott habe durch dieses Erbe gesprochen, um das jüdische Volk auf Jesus vorzubereiten. (Jesus und Paulus sagen das in den Evangelien und im Neuen Testament.) In gleicher Weise habe Gott die Menschen in der weiten Welt auch durch die Erkenntnisse der griechischen Philosophie auf Jesus vorbereitet.

Die Logik ihrer Auffassung besteht darin, dass die Judenchristen ihre Heilige Schrift als das Mittel verehrten, durch das sie zum Glauben an Jesus gelangt waren, und dass nach Justins und Clemens' Auffassung die heidnisch-»griechische« Welt genauso gut das heidnisch-griechische Denken als Grundlage ihrer religiösen Erkenntnis und ihres Glaubens an Jesus verehren könne. Wie viele Kirchenväter seiner Zeit glaubte auch Clemens, dass das »griechische Denken« in den Werken Platons und der Stoiker am besten zum Ausdruck kam. Im Hinblick auf seine weite Verbreitung und den damit verbundenen Nutzen für die christliche Mission stellte das griechische Denken – das heißt der Platonismus – die nützlichere Plattform dar.

Wäre man dieser Logik gefolgt, hätte die Kirche niemals die hebräischen Schriften an die Schriften des Neuen Testaments angeklebt, um eine internationale christliche Bibel zu schaffen. Der Geschmack des Christentums wäre ein spürbar anderer geworden, wenn die Lehren Jesu im Kontext des griechischen Denkens und nicht im Licht der jüdischen Geschichte gesehen worden wären.

Durch das Ankleben der hebräischen Texte an das Neue Testament machte sich das Christentum die Version der menschlichen Schöpfungsgeschichte zu eigen, die J, der Jahwist, geschaffen hatte, als er die *Elohim*-Geschichten umschrieb und sie in Geschichten des einen Gottes verwandelte. Damit wurde eine Kosmologie übernommen, in der es nur die menschliche Rasse gibt, ohne ET-Nachbarn, die das Bild verkomplizieren. Sie brachte eine Darstellung Gottes mit sich, die verworren, moralisch unstimmig und letztlich unvereinbar mit der Offenbarung Gottes in Jesus ist. Origenes' Antwort ist ein wunderbares Beispiel für die Purzelbäume, die Christen seither geschlagen haben, um das Problem zu umschiffen.

Einfach ausgedrückt: Die frühe Kirche stand vor einer Wahl. Sie konnte das Neue Testament Jesu grundsätzlich als ihren eigenen Kanon aufrechterhalten und den Menschen erlauben, es im Lichte des internationalen Mainstreams zu lesen, der sich im Platonismus ausdrückte. Oder sie konnten das christliche Neue Testament engstirniger und provinzieller definieren und an das Judentum des hebräischen Kanons anbinden.

Wären sie der Logik von Justin und Clemens gefolgt und hätten die Herausforderung durch Marcion angenommen, dann hätte das Christentum eine andere Gestalt angenommen, eine, die weniger im Widerspruch zur übrigen Welt steht, eine, die offener ist für andere Erklärungen des Ursprungs der Menschheit, andere Mythologien und andere Spezies. Das Leben Jesu vor seiner Inkarnation auf der Erde – seine Präexistenz als göttlicher Gedanke (Logos) – wäre dann als Modell für unseren eigenen Ursprung und unser Selbstverständnis betrachtet worden. Und unsere Sicht auf Gott, den Geist, die Quelle aller Dinge, wäre nicht durch das Bedürfnis getrübt gewesen, unsere Angst und Abscheu vor seiner vermeintlichen Gewalttätigkeit unterdrücken und verdrängen zu müssen.

Wir hätten ein weniger gewalttätiges Christentum erlebt, ein Christentum, das den imperialen Mächten und feudalistischen Gesellschaftsordnungen weniger nützlich gewesen wäre. In der Tat hätte sich die Menschheitsgeschichte der letzten zweitausend Jahre anders entwickelt.

Ich muss also fragen: Hat sich die Kirche bei der Verankerung des Christentums in der Neufassung der *Elohim*-Geschichten durch den »Jahwisten« geirrt und damit die Gottesoffenbarung Jesu für zweitausend Jahre entstellt?

Die Keilschrifttafeln und die anderen Schöpfungsmythen hatten mich zur Bibel zurückverwiesen, und ich rang mit diesen Widersprüchen wie die frühen Kirchenväter. Meine Fragen dazu, wie das Wort *Elohim* zu übersetzen ist, ließen mir eine ganze Reihe alttestamentarischer Gotteserzählungen in einem neuen Licht erscheinen und führten mich zu der Überlegung, dass diese Geschichten vielleicht gar nicht von Gott handeln. Als mein Blick für diese Möglichkeit geöffnet war, erkannte ich, warum es sich lohnte, sich näher mit Origenes und auch Marcion zu beschäftigen. Diese beiden Theologen hatten sich in den frühesten Tagen der Kirche am kühnsten zu diesen Fragen geäußert.

Ich fragte Brad nach seiner Meinung.

»Also wirklich!«, sagte er. *»Du willst, dass ich deinen verrückten Ansichten Glauben* schenke, und berufst dich auf ein paar zwielichtige Gestalten, die, wenn ich mich recht erinnere, beide als Ketzer aus der Kirche geworfen wurden? Paul, sieh es ein, du bist selbst ein Ketzer! Sehr durchdacht. Sorgfältig durchdacht. Äußerst interessant. Aber Ketzerei! Du planst doch hoffentlich nicht, vor deiner Kirchengemeinde über Aliens in der Antike zu predigen? Ich glaube nämlich nicht, dass sie davon begeistert sein werden! Willst du noch ein Bier? Diese Runde geht auf dich!«

Da hatte Brad nicht ganz unrecht. Aber wie sich herausstellte, war das kein Problem. Die Auswirkungen meiner Frisbee-Verletzung waren nachhaltiger als erwartet und zogen einige unvorhergesehene Konsequenzen nach sich. Die lange Zeit, in der ich meine körperliche Verrenkung und Überdehnung auskurierte, und die theologischen Verrenkungen meiner mythologischen Reisen hatten dazu geführt, dass ich für meine Gemeinde insgesamt weniger nützlich war, als es ihnen oder mir vielleicht lieb gewesen wäre. Deshalb hielt ich es für besser, sie von ihren Verpflichtungen mir gegenüber zu entbinden. Ich musste also auf eigene Rechnung ein Ketzer sein! Was mich daran erinnerte, dass ich meinen gemütlichen Seecontainer bald verlassen sollte. Ohne mein Gehalt von der *Church on the Range* würden wir das Airbnb-Geld brauchen!

12

Ich habe euch Freunde genannt

Hätte ich bald wieder predigen müssen, wäre ich vielleicht versucht gewesen, der Taktik des Origenes zu folgen und die offensichtliche Bedeutung des Textes zu ignorieren, wenn der Inhalt etwas haarig wurde. Für *»Problemtexte«* – Texte also, in denen der Erzähler uns auffordert, ungeheuerliche Dinge von Gott zu glauben – lautet der Rat des Origenes an die Prediger, über die Moral der Geschichte zu predigen oder sie auf eine allegorische oder esoterische Weise so zu interpretieren, dass ein paar Allgemeinplätze über Jesus oder die Kirche angeknüpft werden können. Alles schön und gut, wenn es nur um einen brauchbaren Inhalt für eine Predigt geht, aber es wird dabei geflissentlich vermieden, den Text wirklich zu deuten und sich ernsthaft mit den darin aufgestellten Behauptungen auseinanderzusetzen.

Im Gegensatz dazu erklärte Marcion öffentlich, dass er zu der gleichen Schlussfolgerung gelangt war, die auch das Ergebnis meiner mythologischen Reisen ist, nämlich dass zweifelsfrei nicht alle Gottesgeschichten in der Bibel wirklich von dem einen Gott handeln.

Marcion war mit dem christlichen Glauben aufgewachsen. Er war Sohn eines Bischofs und wurde selbst Bischof. Aus seinen Studien schloss er, dass es sich bei den *Elohim* der Schöpfungserzählungen um mächtige Wesen handelt oder um ein mächtiges Wesen, das *nicht* Gott ist. Er argumentierte weiter, dass Gott, wenn er so ist, wie er uns in der Botschaft Jesu begegnet, unmöglich derselbe Gott sein kann, der in vielen der Jahwe-Geschichten beschrieben wird. Die beiden Charaktere sind völlig verschieden. Marcion zog daraus den Schluss, die Offenbarung Jesu zum Maßstab für jeden Wahrheitsanspruch über Gott zu machen – auch für die alten hebräischen Texte. Deshalb strich er aus seiner Bibel jedes Buch, in dem die Darstellung des Charakters und Verhaltens Gottes dem Gott der Evangelien nicht entsprach. Er warf die hebräischen Schriften über Bord. Was die Evangelien und Briefe anging, die bald das Neue Testament bilden sollten, trat Marcion besonders für die Briefe des Apostels Paulus und das mit ihnen verbundene Lukasevangelium ein. Marcion vertrat die Auffassung, dass der Apostel sich wirklich ernsthaft mit der hebräischen Tradition auseinandergesetzt und sie auf eine Weise verklärt hatte, die dem Evangelium Jesu entsprach.

Eine beträchtliche Anzahl Kirchen im gesamten Mittelmeerraum stimmte Marcions Herangehensweise zu und folgte ihr. Doch vom kirchlichen Mainstream wurde sie nicht akzeptiert. Das Problem war, dass Jesus selbst die hebräischen Schriften bestätigt hatte, als er sagte: *»Gerade sie [die Schriften] legen Zeugnis über mich ab.«* Oder: *»Und die Schrift kann doch nicht gebrochen werden.«*

Folglich wandten sich Jesus und seine Apostel den hebräischen Schriften zu – allerdings nicht, um sie im buchstäblichen Sinn zu verstehen, sondern um sie allegorisch oder esoterisch zu deuten. Sie verklärten die alten Mythologien in *»Schatten und Abbilder«* und nutzen sie, um die neue Lehre Jesu zu verdeutlichen.

Jesus hat die hebräischen Schriften nicht in den Schmutz gezogen. Dennoch machte er sehr deutlich, welchen Stellenwert sie seiner Meinung nach im Vergleich zu seinen eigenen Behauptungen über die Wahrheit hatten. *»Ihr habt gehört, dass gesagt worden ist … ich aber sage euch …«* oder *»Mose hat dies gesagt, aber ich sage …«* Es ist klar, dass die ersten Gläubigen damit rangen, wie angesichts solcher Aussagen die hebräische Tradition in der neuen Religion zu verorten war. Aber als die Urkirche ein allgemeines Konzil einberief (Apostelgeschichte 15), um diese Frage zu klären, hatte sich bereits gezeigt, dass Jesus *»das Gesetz mit seinen Geboten und Forderungen«* aufgehoben hatte (Epheser 2,15). Die Kirche hatte sich weiterentwickelt.

Dennoch stimmten orthodoxe Kirchenführer ein Jahrhundert später in einen Chor der Missbilligung gegen Marcions pietätlosen Umgang mit den heiligen Schriften – insbesondere dem hebräischen Kanon – ein. Leider sind Marcions Schriften nicht erhalten. Irgendwie scheinen sie alle verloren gegangen oder von der Amtskirche vernichtet worden zu sein, was eine ziemliche Leistung ist, wenn man bedenkt, wie weit die marcionitischen Kirchen geografisch verbreitet waren. Heute haben wir nur noch die Widerlegung von Marcions Werk durch die führenden Köpfe des damaligen kirchlichen Mainstreams. Man muss also ein wenig suchen, um das, was er tatsächlich lehrte, von dem spöttischen Zerrbild seiner Position zu unterscheiden, das seine Mitbischöfe verbreiteten und anprangerten.

In theologischen Debatten waren sie damals nicht zimperlich. Polykarp, der geistige Enkel des Apostels Johannes, beschimpfte Marcion als *»Erstgeborenen des Satans«*.

Der Kirchenvater Tertullian machte sich in seiner Schrift *Gegen Marcion* über Marcions Ansatz lustig: *»Hört zu, ihr Sünder … ein besserer Gott ist entdeckt worden, der niemals Anstoß nimmt, niemals zornig ist, niemals Strafe verhängt, der kein Feuer in der Hölle und kein Zähneklappern in der äußeren Finsternis vorbereitet hat! Er ist schlicht und einfach gut … Man sagt, nur ein böses Wesen wird gefürchtet. Ein gutes Wesen wird geliebt … Und die Marcioniten sind mit diesen Vorspiegelungen so zufrieden, dass sie sich vor ihrem Gott überhaupt nicht fürchten.«*

Doch all dies ging an Marcions zentraler Frage vorbei, wie wir mit der Unvereinbarkeit des Charakters Jesu mit den Darstellungen Jahwes und der *Elohim* in den hebräischen Texten umgehen. Für Marcion bestand das Problem nicht einfach darin, dass die Behauptungen über Gott in irgendeiner allgemeinen Weise anstößig waren. Wenn Gott so ist, wie er in Jesus erscheint, wie kann er dann so sein, wie er in einigen Teilen des Alten Testaments erscheint?

Erst als eine Generation später Origenes auf den Plan trat, fanden die etablierten Kirchen einen Führer, der bereit war, sich dieser Frage zu stellen und einen Weg für die orthodoxe Mehrheit zu finden, die den hebräischen Kanon als christliches Altes Testament beibehalten wollte.

Die Kirche ist Origenes zu großem Dank verpflichtet. Sein allegorischer Ansatz und seine Argumente für eine esoterische Lesart von Problemtexten legten den Grundstein für die christliche Verkündigung von damals bis heute. Die Kirche war Origenes so dankbar, dass sie ihm sogar den Gefallen tat, seine besten Werke posthum zu überarbeiten, um sie für die Nachwelt noch orthodoxer zu machen!

Was jedoch oft unterschätzt wird, ist die Tatsache, dass Origenes' Argumentation mit genau der gleichen Problemstellung beginnt, die Marcions Theologie in Gang setzte. Ein Satz des Origenes fasst seine Analyse des Problems und die Grundzüge seiner Antwort zusammen: *»Erst nach dem Erscheinen Jesu kamen die Inspiration der prophetischen Worte und die geistige Natur des mosaischen Gesetzes zum Vorschein.«* (Meine Hervorhebungen.)

Mit anderen Worten: Jesus beruft sich auf die hebräischen Schriften, bestätigt sie als *inspiriert*, benutzt sie als *prophetische* Referenz und zieht *geistige* Bedeutungen aus ihnen. Gleichzeitig machen es uns die Offenbarungen Jesu unmöglich, diese Schriften für bare Münze zu nehmen. So sagt Origenes weiter, dass die Menschen Fehler machen: *»Sie verstehen die Schrift nicht in ihrem geistigen Sinn, sondern legen sie nach dem bloßen Buchstaben aus.«* Das Ergebnis ist, dass die Leser *»Dinge über [den Schöpfer] glauben, die selbst der wildeste und ungerechteste Mensch nicht glauben würde«*.

Origenes ist sich darüber im Klaren, dass der kluge Leser dort, wo Gott als *»wild und ungerecht«* dargestellt wird, die augenscheinliche Bedeutung – den »bloßen Buchstaben« – des Textes völlig ablehnen und stattdessen eine esoterische oder allegorische Auslegung finden muss. Meine Frage wäre: »Ist das wirklich ehrlich? Erklärt das den Text oder versperrt es nicht vielmehr den Lesern den Zugang zu seiner eigentlichen Bedeutung?«

Auf einer Ebene ist die Antwort des Origenes so klar wie die des Marcion, indem er die Darstellungen von *Elohim* und Jahwe als reine und ungetrübte Ausdrücke des Gottes und Vaters Jesu Christi ablehnt. Aber er säte eine Art Doppelzüngigkeit in das christliche Denken, indem er sagte: *»Wir glauben, dass der Text göttlich inspiriert ist, leugnen aber, was inhaltlich in ihm behauptet wird.«* Es war ein Weg, die hebräischen Schriften zu assimilieren – aber nicht wirklich.

Schon im zweiten und dritten Jahrhundert argumentierten Apologeten wie Justin der Märtyrer und Kirchenväter wie Clemens von Alexandrien, dass die ganze Welt durch die Formen und den weltanschaulichen Rahmen der heidnischen (nichtjüdischen) Philosophie des »griechischen Denkens« auf die Lehren Jesu vorbereitet worden sei. Und dieses griechische Denken fand ihrer Ansicht nach in der Gedankenwelt des Stoizismus und Platonismus seinen höchsten Ausdruck. Wenn die Kirche ein Träger der Lehren Jesu für die Welt sein sollte, dann konnte man nach dieser Logik zu einem Kanon der Weisheit gelangen, indem man die Philosophie Platons als das Alte Testament betrachtete, das sich im Neuen Testament Jesu und der Apostel vollendete. Justin der Märtyrer und Clemens von Alexandrien setzten sich jedoch mit ihrer Auffassung nicht durch. Und so entstand die christliche Bibel letztlich so, dass man einfach das Neue Testament hinten an die hebräischen Schriften anklebte.

Dadurch wurde die moralische Dissonanz Jahwes, die in die bis heute gültige Fassung der hebräischen Texte eingewoben ist, zu einer Dissonanz innerhalb des Christentums – mit dem Ergebnis, dass die Christen nun dem Allmächtigen zugeschriebene Handlungen verteidigen mussten, *»die selbst der wildeste und ungerechteste Mensch nicht glauben würde«*. Offensichtlich bevorzugte die Kirche das Bild eines Gottes, den man zugleich fürchten und bedingungslos lieben soll.

Aber war diese Entscheidung richtig? Wie sähe das Christentum aus, wenn wir Justin dem Märtyrer und Clemens von

Alexandrien in Richtung eines Christentums folgen würden, das vom griechischen Denken des ersten Jahrhunderts geprägt ist? Wie würde das Christentum aussehen, wenn wir die Thesen von Marcion und Origenes akzeptieren, die, jeder auf seine Weise, die theologischen Ansprüche des Alten Testaments ablehnten?

Würde ein Christentum ohne das Alte Testament und stattdessen mit dem griechischen Denken des ersten Jahrhunderts als Ausgangspunkt eine klarere Vision von Gott hervorbringen, verknüpft mit einer klareren und radikal anderen Sicht auf die menschliche Natur und den Ursprung der Menschheit? Hätte eine Gestaltung des Christentums, die der Gedankenwelt der internationalen Gemeinschaft freundlicher gegenübersteht, den Fortschritt der Kirche als demografische Größe in der Welt verändert?

Der Kontext, in dem der Jahwist die jüdischen Mythologien redigierte, war ein religiöser Imperativ, um fremden Herrschern zu sagen: *»Eure Götter sind gar keine Götter. Unsere Mythologie ist die einzig wahre. Eure ist eine Lüge. Unser Gott ist der wahre Gott. Er wird unser Tun rechtfertigen und euch verdammen. Er wird seinem Volk Recht verschaffen und seine Feinde vernichten. Uns wird ewiger Lohn zuteil, aber auf euch wird ewige Schande fallen.«*

Durch die Übernahme der Jahwisten-Texte als Rahmen für das Christentum hat sich die Kirche mit der Welt angelegt und die Lehren Jesu mit einem Narrativ von uns und ihnen, Recht und Unrecht, Liebe und Hass, Belohnung und Vergeltung, Himmel und Hölle sowie mit der Erwartung ständiger Verfolgung versehen.

Ich muss mich fragen, ob eine christliche Bibel ohne den hebräischen Kanon eine positivere Beziehung zur Menschheit und eine gesündere Beziehung zur Welt im Allgemeinen geschaffen hätte.

Das war die Art von Überlegungen, die Justin der Märtyrer, Clemens von Alexandria, Origenes und Marcion der frühen Kirche präsentierten, und Sie können die Antwort auf diese Fragen in einigen ihrer Schriften sehen. Marcion ging dabei mit seinem Vorschlag am weitesten und löste so eine Gegenreaktion aus, die das griechische Denken aussperrte und den hebräischen Kanon einführte.

Aber könnte es nicht sein, dass Marcions Vorschlag, mit den Mythologien des Alten Testaments von Grund auf zu brechen, dem Problem angemessener war? Er machte sich nichts vor. Marcions Antwort zeigte eine intellektuelle Ehrlichkeit und eine Transparenz, die Origenes und den Stimmen der Orthodoxie fehlte. Ich glaube, Marcion hatte auch Recht mit seiner Einschätzung, dass der Apostel Paulus das Erbe der hebräischen Schrift in eine Typologie für die radikal andere Botschaft Jesu über den Charakter Gottes verklärt hatte.

Der Einfluss des Apostels Paulus als Kirchengründer und Verfasser eines großen Teils des Neuen Testaments ist unübertroffen. Paulus, der als pharisäisch gebildeter Jude zu Jesus konvertierte, musste häufig vor jüdischem Publikum predigen und seine Zuhörer von der Identität Jesu als der verheißene Messias überzeugen. In diesem Zusammenhang griff Paulus oft auf sein jüdisches Erbe zurück. Doch sein Umgang mit den hebräischen Schriften ist im Wesentlichen esoterischer Natur: Er legt zuvor verborgene Schichten von Metaphern und Bedeutungen frei.

Für Paulus stehen Sara und Hagar, die Frau und die Konkubine Abrahams, für zwei Bündnisse. In einem anderen Fall interpretiert er ein Gesetz aus dem Deuteronomium über die

Pflege des Viehs als allegorische Botschaft über die Bezahlung von Kirchenführern. Des Weiteren stellt Paulus moralisierend Adam als prophetische Schattenversion des der Menschheit das Geschenk des ewigen Lebens bringenden Jesus dar. Aber über den größten Teil der hebräischen Schriften schweigt Paulus. In diesem Sinne geht die Herangehensweise des Apostels Paulus bereits in die gleiche Richtung wie die späteren Positionen von Origenes und Marcion.

Es ist nicht so, dass die Theologie des Paulus schattenlos wäre, aber ein Gott, der unberechenbar und widersprüchlich agiert, alles andere als unfehlbar ist, zu Grausamkeit neigt und Menschen, die sich aufrichtig bemühen, ihm zu gehorchen, mit Krankheit und Strafen heimsucht, kommt bei Paulus gar nicht vor und bedarf daher auch keiner Rechtfertigung. Für Paulus ist Gott kein zorniges Wesen, das mit Tribut und Opfern besänftigt werden muss. Vielmehr sieht er in der Person Jesu die Erfüllung und den endgültigen Abschluss der hebräischen Opfertradition.

In der Apostelgeschichte hören wir eine Ansprache, die der Apostel Paulus um 51 nach Christus vor einem griechischen Publikum in Athen hielt: *»Der Gott, der die Welt erschaffen hat und alles in ihr, er, der Herr über Himmel und Erde, wohnt nicht in Tempeln, die von Menschenhand gemacht sind. Er lässt sich auch nicht von Menschenhänden dienen, als ob er etwas brauche, er, der allen das Leben, den Atem und alles gibt. Er hat aus einem einzigen Menschen das ganze Menschengeschlecht erschaffen, damit es die ganze Erde bewohne. Er hat für sie bestimmte Zeiten und die Grenzen ihrer Wohnsitze festgesetzt. Sie sollten Gott suchen, ob sie ihn ertasten und finden könnten; denn keinem von uns ist er fern. Denn in ihm leben wir, bewegen wir uns und sind wir.«* (Apostelgeschichte 17,24-28)

In dieser Rede verzichtet Paulus bei aller Treue zu seiner hebräischen Bildung auf die ganze Idee der Opferreligion und macht sich über die Vorstellung lustig, dass die göttliche Quelle aller Dinge es nötig hätte, dass wir sie mit irgendetwas versorgen! Indem er so spricht, lehnt Paulus die jüdische Tradition nicht ab. Vielmehr greift er den Beitrag einer Reihe von jüdischen Propheten auf, die im Laufe der Jahrhunderte für Gott gesprochen haben.

»Denn an Liebe habe ich Gefallen, nicht an Schlachtopfern, an Gotteserkenntnis mehr als an Brandopfern.« (Hosea 6,6)

»Meinst du, dass ich Fleisch von Stieren essen wolle oder Blut von Böcken trinken? Opfere Gott Dank und erfülle dem Höchsten deine Gelübde und rufe mich an in der Not, so will ich dich erretten, und du sollst mich preisen.« (Psalm 50:13-15)

In Athen ruft Paulus dazu auf, eine höhere Bewusstheit für den wahren Gott zu entwickeln – in einer Umgebung, die von Schreinen und Tempeln überquoll, ausnahmslos zu dem Zweck errichtet, allen möglichen anderen Wesenheiten, Halbgöttern, Hybriden und dergleichen zu opfern. In der Tat beherbergte Athen die berühmtesten Halbgötter und Hybriden der Weltmythologien. Sie alle wurden in dieser bunten Palette von Tempeln berücksichtigt, zwischen denen Paulus zu den Menschen über eine ganz andere Art von Gott predigte.

Der Drang, die Götter zu besänftigen oder ihnen Opfer zu bringen, um in diesem und im nächsten Leben erfolgreich zu sein, war und ist in vielen Kulturen tief verankert. Die mesopotamischen Mythen liefern eine überzeugende Erklärung, warum diese Programmierung so tief sitzt. Sie behaupten, dass der religiöse Impuls, unseren höheren Wesen Opfer und Gaben darzubringen, in unserer ursprünglichen Rolle als Sklaven wurzelt, die darauf trainiert wurden, Mineralien und Nahrungsmittel als Tribut zu den Tempeln und Zehntscheunen zu bringen, damit sie von den Himmelswesen und anderen Mitgliedern der Oberschicht genutzt werden konnten. Es ist eine kulturelle Gewohnheit, die wir mit religiösen Vorstellungen oder mit den Brosamen öffentlicher Ausgaben rechtfertigen, die von den Tischen unserer Herren fallen. Im Grunde genommen ist diese tief einprogrammierte Unterwürfigkeit ein Erbe, das nicht den Interessen der einfachen Menschen dient. Es prädisponiert uns dazu, uns autokratischen Strukturen zu unterwerfen, in denen die Wenigen die Vielen besteuern und ausbeuten. Es ist eine Pathologie, die uns zu leicht regierbaren Untertanen macht.

Könnte diese Sklavenprogrammierung der Grund dafür sein, dass wir Menschen oft so bereitwillig unsere Macht an andere abgeben oder voller Bewunderung für Könige, Idole und Superstars schwärmen? Ist sie der Grund dafür, dass wir im Fernsehen das Leben der Reichen und Berühmten Oberen ein Prozent bestaunen, in Sendungen, die uns über die Kardashians und die »Real Housewives« auf dem Laufenden halten? Ist diese tiefe Programmierung der Grund dafür, dass wir uns von den Eliten vereinnahmen lassen, sei es durch korrupte Geld- und Bankensysteme, ungerechte Arbeitsverhältnisse, gewaltsame Versklavung, Polizeibrutalität oder politische Tyrannei? In den sumerischen und babylonischen Schöpfungsberichten wird behauptet, dass wir genau für ein solches Untertanen-Dasein »konstruiert« wurden.

Wenn wir Menschen lernen, unsere Unterwürfigkeit gegenüber den Eliten abzubauen und die Strukturen abzuschütteln, mit denen wir uns gegenseitig versklaven, wenn wir lernen, für das Gemeinwohl zu arbeiten statt für höhere Mächte, dann haben wir uns selbst zu einem höheren Bewusstsein und einer besseren Art des Seins emporgearbeitet.

In den Evangelien wendet sich Jesus sehr deutlich gegen diese Programmierung: *»Ihr wisst, dass die Herrscher ihre Völker niederhalten und die Mächtigen ihnen Gewalt antun. So soll es nicht sein unter euch.«* (Matthäus 20,25)

Und noch einmal, dieses Mal mit Bezug auf die jüdischen religiösen Autoritäten seiner Zeit, sagt Jesus: *»Sie binden schwere und unerträgliche Bürden und legen sie den Menschen auf die Schultern; aber sie selbst wollen keinen Finger dafür rühren. Alle ihre Werke aber tun sie, damit sie von den Leuten gesehen werden ... Nur einer ist euer Meister, ihr alle aber seid Brüder [und Schwestern].«*

Die Himmelswesen betrachteten die Menschen offenbar als eine Sklavenrasse, die ihnen dienen sollte. Jesus vertritt eine ganz andere Einstellung. Zu Beginn seiner Mission kündigt er an, dass er gekommen sei, um den »Armen und Zerschlagenen« Kraft und Zuversicht zu geben und die Gefangenen zu befreien (Lukas 4,18). Er bezieht sich ausdrücklich auf die Befreiung aus der Sklaverei, wenn er sagt: *»Dann werdet ihr die Wahrheit erkennen und die Wahrheit wird euch befreien ... Wenn euch also der Sohn befreit, dann seid ihr wirklich frei.«* (Johannes 8,32,36)

In ähnlicher Weise bekräftigen die Verfasser des Neuen Testaments, dass unser himmlischer Vater die Menschen nicht als Sklaven, sondern als innig geliebte Kinder betrachtet. Zu seinen Stellvertretern und Nachfolgern sagt Jesus: *»Ich nenne euch nicht mehr Knechte; denn der Knecht weiß nicht, was sein Herr tut. Vielmehr habe ich euch Freunde genannt.«*

Wenn wir unsere Sklavenprogrammierung in unsere Beziehung zu Gott einbringen, drängt sie uns in das Muster, Gott gefallen zu wollen, indem wir ihm Opfer darbringen: Gebete, Glauben, Gehorsam und Dienstleistungen, in der Hoffnung, seine Gunst oder Unterstützung zu erlangen. Gewöhnlich vergessen wir, dass Jesus völlig neu definiert hat, was »Gott dienen« wirklich bedeutet. Im Gleichnis von den Schafen und Ziegen vermittelt uns Jesus, dass wir Gott nicht dienen, wenn wir uns für ihn abplagen wie für einen göttlichen Sklavenhalter, sondern wenn wir uns gegenseitig dienen und uns umeinander kümmern, insbesondere um diejenigen, die schwächer sind als wir. Das ist ein völlig anderes Paradigma. Alle Autoren des Neuen Testaments greifen diesen Gedanken auf und entfalten ihn.

Kurz gesagt, das alte Programm der sumerischen Sklaven, die Außerirdischen Opfer darbrachten, oder der Kinder Israels, die sich den Forderungen eines moralisch undurchschaubaren göttlichen Gebieters unterwarfen, wird im Neuen Testament durch eine Vision ersetzt, in der die liebende, mitfühlende Menschheit die wahre Natur Gottes zum Ausdruck bringt und an ihr teilhat.

Der Genesis, den sumerischen Tafeln und dem Popol Vuh zufolge wurden wir nicht nur geistig auf ein Leben in Sklaverei programmiert, sondern man schwächte gezielt unsere geistigen Fähigkeiten und unser Wahrnehmungsvermögen. Um unsere Nützlichkeit für unsere Sklavenhalter zu maximieren, wurde unsere Gehirnleistung absichtlich gedrosselt.

Die mythologischen Erklärungen mögen verblüffend sein, doch sie spiegeln aktuelle Fragen zum menschlichen Verhalten und zum menschlichen Gehirn wider. Wir müssen uns nur unser Gehirn ansehen, um uns zu fragen: *»Warum nutzen wir 90 Prozent unserer Gehirnkapazität nicht? Welche Fähigkeiten schlummern noch in unserem Gehirn und warten darauf, aktiviert zu werden?«*

13

Bitte, Sir, ich will mehr!

Manche Aha-Erlebnisse sind dramatischer als andere.

1980 wurde Orlando Serrell von einem Baseball an der Seite des Kopfes getroffen. Er wurde durch den Schlag bewusstlos, aber als eifriger Sportler im Alter von zehn Jahren ließ er sich durch die kurze Ohnmacht nicht davon abhalten, das Spiel zu beenden, sobald er wieder zu sich gekommen war. Nach dem Unfall litt Orlando ein Jahr lang unter Kopfschmerzen. Als die Symptome zurückgingen, merkte er, dass sich etwas verändert hatte. Wenn Sie ihm heute ein beliebiges Datum nennen, egal in welchem Jahr, kann Orlando Ihnen den Wochentag nennen, auf den Sie sich beziehen. Und er liegt damit ausnahmslos richtig. Fragen Sie ihn, wie oft der 15. April auf einen Mittwoch gefallen ist, und er wird es einfach wissen. Nehmen Sie zwei beliebige Daten aus verschiedenen Jahren, und er wird Ihnen sofort sagen, wie viele Tage zwischen den beiden Daten vergangen sind. Fragen Sie ihn, was am 11. Februar 1983 passiert ist, und er wird Ihnen sagen*: »Es war ein Freitag. Es hat geregnet und ich habe eine Peperoni-Pizza von Dominos* gekauft.«

Diese unglaubliche Fähigkeit wurde durch einen Schlag auf den Kopf im Jahr 1980 aktiviert und ist seither erhalten geblieben. Orlando leidet unter dem, was neurologische Wissenschaftler als Inselbegabung oder erworbenes Savant-Syndrom bezeichnen.

Das Muster des erworbenen Savant-Syndroms besteht darin, dass eine Person, die zuvor keine ungewöhnlichen geistigen oder kreativen Fähigkeiten aufwies, plötzlich feststellt, dass durch eine Verletzung des zentralen Nervensystems eine höhere Fähigkeit freigesetzt wurde.

Ben McMahon wuchs ganz in meiner Nähe in Victoria auf. In der Schule hatte er sich ein paar Jahre lang abgemüht, Mandarin zu lernen, aber er brachte es nie so weit, diese Sprache überzeugend und flüssig sprechen zu können. Das heißt, bis er 2012 bei einem Autounfall fast ums Leben kam. Ben erlitt eine Kopfverletzung und lag eine Woche lang im Koma.

Als Ben endlich die Augen aufschlug, winkte er der Krankenschwester und sagte: »Entschuldigen Sie, Schwester, ich fühle mich wirklich sehr mitgenommen.«

Das sagte er in flüssigem Mandarin! Verwirrt von den Lauten, die aus seinem Mund kamen, deutete er an, dass er Stift und Papier haben wollte. Er schrieb auf: *Ich liebe meine Mutter. Ich liebe meinen Vater. Ich werde wieder gesund.* Die Notiz war in Mandarin geschrieben.

Glücklicherweise war Ben nach drei Tagen wieder in der Lage, in seiner Muttersprache Englisch zu sprechen. Seine Mandarin-Kenntnisse blieben jedoch bestehen und sind seitdem erhalten geblieben. Und es war nicht mehr sein altes, nur bruchstückhaft erlerntes Schulkind-Mandarin. Ben sprach es jetzt fließend. Er sprach es so gut, dass er bald nach Shanghai zog, wo er eine Zeit lang eine Fernsehshow moderierte und dann an einer chinesischen Universität studierte.

Zwischen 1996 und 2000 hat Dr. Bruce Miller, Professor für Neurologie an der Universität von Kalifornien, zwölf Fälle eines erworbenen Savant-Syndroms untersucht. Seltsamerweise waren dies Fälle, in denen durch das Auftreten einer Frontotemporaldemenz musikalische und künstlerische Fähigkeiten freigesetzt oder dramatisch verbessert wurden. Sein Forschungsteam stellte die Hypothese auf, dass die selektive Degeneration eines bestimmten Teils des Gehirns zu einer »verminderten Hemmung der visuellen Systeme« geführt hatte. Das ist eine interessante Formulierung. Im Jahr 2005 wies ein Forschungsteam unter der Leitung von Professor Mark Lythgoe vom University College London nach, dass die Degeneration in einem bestimmten Bereich des Gehirns »ungenutzte kognitive Fähigkeiten freisetzen kann«.

In einem äußerst erstaunlichen Forschungsprojekt aus dem Jahr 2006 hat ein Team unter der Leitung von Dr. Drago ein Experiment durchgeführt, um die erhöhten künstlerischen Fähigkeiten einer Künstlerin zu beurteilen, deren Malstil sich während des Auftretens der frontotemporalen Degeneration verändert hatte.

Ohne ihnen etwas über die Künstlerin oder ihre Geschichte zu erzählen, baten die Forscher eine Reihe von Kunstexperten, die Veränderungen in den Werken der Künstlerin zu bewerten. Den Experten wurden achtzehn Bilder gezeigt, die entstanden waren, bevor die Künstlerin Symptome des geistigen Verfalls zeigte, sechs Gemälde aus der Zeit, in der erste anfängliche Anzeichen der Erkrankung auftraten, und sechzehn Gemälde aus der Zeit, in der die Demenz voll symptomatisch war.

Ohne die Daten der Gemälde oder irgendetwas über die Diagnose der Künstlerin zu wissen, beurteilten die Fachleute jedes Gemälde. Sie kamen zu demselben Ergebnis: Mit dem Fortschreiten der Degeneration verbesserte sich ihr Können in einer Weise, die sich in einer verbesserten künstlerischen Technik niederschlug.

Das Forschungsteam beschrieb die Zunahme der Fähigkeiten als Beweis für den »Wegfall einer Behinderung« in einem Teil des Gehirns dieser Künstlerin.

Da haben wir wieder einen solchen Hinweis auf mögliche einstige Manipulationen! Offenbar wurde ganz zufällig ein *behindernder Faktor* deaktiviert. Wenn man das hört, muss man sich fragen*: Wieso, um alles in der Welt, gibt es in unserem Gehirn behindernde »Schaltungen«?* So verblüffend es auch ist, die Genesis, die mesopotamischen Tafeln und das Popol Vuh geben auf diese Frage alle die gleiche Antwort: Diese Schaltungen wurden dort gezielt »eingebaut«.

In einem Aufsatz aus dem Jahr 2018 stellt Dr. Darold Treffert, Forschungsleiter des psychiatrischen Instituts an der Marian University, die naheliegende Frage: »Ist es möglich, dass ein solches Potenzial in uns allen schlummert? … Wenn dem so ist, besteht die Herausforderung natürlich darin, wie wir diese verborgenen Fähigkeiten bewusst aktivieren und nutzen können, statt dass sie nur zufällig auftreten, wenn jemand eine schwere Schädigung seines Zentralnervensystems erleidet.«

Wenn man einmal ein paar Fälle von erworbenem Savant-Syndrom mit eigenen Augen gesehen und erlebt hat, kann man nicht einfach zur Tagesordnung übergehen. Solchen Menschen ist buchstäblich *ein Licht aufgegangen*. Die moderne neurologische Forschung und die Stimmen unserer alten Mythologien zwingen uns zu der Frage, wie wir unsere menschlichen Fähigkeiten von »eingebauten hemmenden Faktoren« befreien können. Wenn wir beobachten, dass dieses Potenzial durch eine Verletzung des zentralen Nervensystems zufällig freigesetzt werden kann, dann sollen wir unbedingt erforschen, wie dieses Potenzial bewusst angezapft werden kann. Denn das wird uns in die Lage versetzen, die Standardprogrammierung zu ändern und unser Gehirn leistungsfähiger zu machen.

In den Evangelien und im Neuen Testament offenbart Jesus einen Gott, der die Menschen so liebt, wie sie sind, aber nicht will, dass sie so bleiben, wie sie sind. Bei allen Lehren Jesu geht es darum, uns Menschen zu zeigen, wie wir unser Leben lebenswerter machen und unser höheres Potenzial entfalten können. Seine Lehren laden uns ständig dazu ein, dieses Potenzial in uns zu entdecken, das weit über unsere bisherige Vorstellung von uns selbst hinausgeht.

Der zweite Petrusbrief im Neuen Testament ruft seine Hörer dazu auf, zu lernen, wie man *»Anteil an der göttlichen Natur«* erhält und *»dem Verderben entflieht«*. Es folgt die Ermahnung zu Tugend, Erkenntnis, Selbstbeherrschung, Ausdauer, Frömmigkeit, Freundlichkeit und Liebe (2. Petrus 1). Diese werden uns als Mittel an die Hand gegeben, mit denen wir uns zu einer höheren Daseinsform entfalten können.

In ähnlicher Weise vermittelt uns das Werk des Apostels Paulus, unsere biologische Programmierung zu überwinden und uns vom Geist Gottes leiten zu lassen, der in uns wohnt. Wenn wir uns von diesem geistlichen Aspekt leiten lassen, wird sich die Veränderung unseres Wesens in Form von *»Liebe, Freude, Friede, Geduld, Freundlichkeit, Güte, Treue, Sanftmut und Selbstbeherrschung«* manifestieren (Galater 5,22).

In seinen berühmtesten Predigten – der Bergpredigt und der Feldrede – lehrt uns Jesus Verhaltensweisen, die nicht nur auf gesellschaftlicher Ebene gesund sind, sondern mit denen wir auch im Privatleben schädliche Handlungen vermeiden können, die das Potenzial haben, unser Leben zu ruinieren. Jesus nannte dieses zerstörerische Verhalten *Gehenna* – das war der Name der Müllhalde außerhalb der Stadt Jerusalem.

Zu den zerstörerischen Verhaltensweisen, vor denen Jesus uns warnt, gehören das Verdammen von Menschen, Ehebruch, Verführung durch Lust, Untreue gegenüber dem Ehepartner, Unehrlichkeit, Rache, Selbstsucht, Gemeinheit, Hass und Gewalt gegen Kinder. In jedem Fall appelliert Jesus an eine höhere Fähigkeit, die jedem Menschen innewohnt, nämlich an unsere Fähigkeit, die Folgen unseres Tuns zu bedenken.

Darüber hinaus zeigen uns die Evangelien einen Jesus, der ohne Angst vor den Mächten der damaligen Zeit lebt. Dieses Gefühl von Freiheit und Selbstwert trug er zu vielen Menschen, die von der Gesellschaft missachtet und benachteiligt wurden. Er befreite die Gottesgläubigen von ihrer Bindung an Priesterschaften und Eliten. Er heilte die Kranken und die von bösen Geistern Geplagten. Er erweckte die Toten zum Leben und schenkte den Trauernden Freude.

Etwas sonderbarer ist, dass Jesus aus einem Fisch Geld macht, in einem leeren Korb zahlreiche Fische sich manifestieren lässt und in leerem Wasser die Fischer eine riesige Menge Fische fangen lässt. Auch wandelt er auf diesem Wasser und bringt seinem Freund bei, es ihm nachzutun. Und er besänftigt einen heftigen Sturm, einfach indem er zu ihm spricht.

Was sollen wir also davon halten, wenn Jesus zwischen all diesen Aktivitäten innehält und zu uns sagt: *»Wer an mich* *glaubt, der wird die Werke auch tun, die ich tue, und wird größere als diese tun; denn ich gehe zum Vater.«*

Welche »größeren Werke« könnte es denn geben?

Dieser unglaubliche Spruch lädt uns ein, uns eine Lebensweise vorzustellen, in der alle Arten von »Programmierungen«, die unsere Fähigkeiten einschränken, ausgeschaltet sind. Jesus lebte frei und authentisch im Angesicht von Einschüchterungen, Konflikten und feindlichen Mächten. Wie könnte das für uns aussehen? Die Wunder Jesu stellen all unsere konventionellen Vorstellungen von dem, was möglich ist und was nicht, auf den Kopf. Wenn er Körper und Geist heilen und in den Menschen um ihn herum außerordentliche Fähigkeiten wecken konnte, welche »größeren Werke« können wir dann tun? Er tat all das aufgrund seiner engen, bewussten Beziehung zu seinem himmlischen Vater. Stehen uns solche Erfahrungen auch offen? Wenn Jesus ein Beispiel dafür ist, wie ein menschliches Leben aussehen kann, in dem die Sklavenprogrammierung und alle einschränkenden Faktoren beseitigt sind, dann will ich mehr davon!

Und was ist mit unseren »ungenutzten kognitiven Fähigkeiten« – um es mit den Worten von Dr. Mark Lythgoe zu sagen? Wie könnte ein menschliches Leben aussehen, wenn unsere Gehirne auf einem höheren Niveau arbeiten?

Das Popol Vuh spricht von einer früheren Umgebung, in der wir über das Lokale und Physische hinaussehen konnten. Wie würde das Leben aussehen, wenn die Wahrnehmungsfähigkeiten auf dieser Ebene eingeschaltet wären? Das Buch Genesis und die Keilschrifttafeln sprechen von einer früheren Umwelt, die für eine fantastisch lange Lebensspanne ausgelegt war. Mit welcher Zuversicht, Geduld und welchem Mut könnten wir leben, wenn wir mit einer superrobusten Gesundheit und Langlebigkeit ausgestattet wären? Die Genesis schildert eine Welt vor Babel, in der gegenseitiges Verständnis und einfache Kommunikation herrschten. Wie schön könnte das einundzwanzigste Jahrhundert sein, wenn es auf einer solchen Harmonie aufgebaut wäre?

»Ihr werdet die Werke auch tun, die ich tue, und noch größere als diese.« Eine größere Einladung, unsere Möglichkeiten zu erkunden, als diese Worte Jesu kann ich mir nicht vorstellen – und diese Erkundung würde nicht einfach aus Neugier geschehen, sondern um unser Leben zu verändern.

14

Fazit – Wer bin ich?

Gekauft hatten wir den Seecontainer als Unterkunft für unsere Gäste. Aber er bewährte sich als Rückzugsort zum Lernen und wurde zu meinem privaten Gebetsraum.

Ursprünglich hatte ich mich in die Genesis vertieft, um mich auf die nächste Predigt in meiner Kirchengemeinde, der *Church on the Range*, vorzubereiten. Aber die Anomalien führten mich auf eine Reise um die Welt, weg von den Hügeln und Tälern Victorias – eine Tour durch das alte Sumer, Babylonien, Griechenland und Ägypten, von Indien nach Südafrika, Peru, Bolivien und Mexiko.

Ich fühlte mich wie Neo, der aus seinem illusorischen Leben in der Matrix erwacht.

Jetzt verstand ich, dass das, was ich zuvor als Störungen in meinem christlichen Weltbild betrachtet hatte, in Wahrheit blinkende Lichter waren, die mir den Weg zu einer ganz anderen Meta-Erzählung wiesen – der Erzählung, zu der diese Texte eigentlich gehören. Als ich mit meiner hermeneutischen Übung begann, hätte ich mir beim besten Willen nicht vorstellen können, wohin *Elohim* im Plural mich führen würde – oder soll ich sagen: würden?

Es war eine Freude, wieder in Victoria zu sein, an dem ruhigen, schattigen Platz am Ende unserer Auffahrt, wo ich die gemütliche Abgeschiedenheit meines Holzcontainers genoss, ihn für die bald einreffenden Gäste vorbereitete und meine auf dem Boden ausgebreiteten Notizen sortierte. Hier konnte ich noch ein paar Tage lang Knie an Knie mit Jesus sitzen und ihn bitten, mir zu helfen, all das zu verstehen, was ich gelernt hatte.

Im Johannesevangelium verspricht Jesus, dass der Geist uns, wann immer es nötig ist, an die Worte und Wahrheiten von Jesus erinnern wird. Das ist die Zuversicht, auf die sich jeder Prediger verlässt, wenn er sich den Fragen seiner Gemeinde stellt und sich um die Bedürfnisse anderer kümmert. Das ist es, was Pfarrer tun. In meiner Abgeschiedenheit befand ich mich also in einem vertrauten Raum mit Jesus und meinen Fragen als Begleitung.

Es fiel mir nicht schwer zu glauben, dass unsere Galaxis dichter bevölkert sein könnte als allgemein angenommen – und dass sie möglicherweise von Menschen besiedelt wurde und bewohnt ist, die uns ähnlich sehen. Aber wie passte Jesus in dieses Bild – und was dachte er über unsere außerirdischen Brüder und Schwestern? War er einer Meinung mit Pater Funes und Pater Consolmagno von den Vatikanischen Observatorien?

In meinem Kopf hörte ich Jesus sagen: *»Ich habe noch andere Schafe, die nicht aus diesem Stall sind; auch sie muss ich führen.«*

Was ist dann mit diesen anderen? Ein *»außerirdischer Bruder«* ist eine Sache, aber hätte Gott wirklich zugelassen, dass eine außerirdische Spezies den Boden unseres schönen blaugrünen Planeten betritt, seine Ressourcen plündert, sich in das Leben seiner Flora und Fauna einmischt, uns genetisch verändert und uns ausbeutet, wie wir es mit unseren Nutztieren tun? Sicherlich hätte unser Gott doch wohl kaum zugelassen, dass interstellare Besucher als »himmlische Könige« oder »Götter« über unsere prähistorischen Vorfahren herrschten? Okay, zugegebenermaßen hat Gott tatsächlich zugelassen, dass wir selbst uns das angetan haben, Generationen von Kolonisatoren und Kolonisierten, aber hätte Er wirklich zugelassen, dass eine außerirdische Spezies das mit unseren fernen Vorfahren macht? Sicherlich würde Gott uns doch nicht auf diese Weise der Gnade außerirdischer Plünderer und Eindringlinge ausgeliefert haben? Wenn Gott die Menschen wirklich liebt, hätte er dann nicht eingegriffen, um uns vor solchen falschen Göttern zu beschützen?

Jesus sagte: *»Alle, die vor mir kamen, sind Diebe und Räuber … Der Dieb kommt nur, um zu stehlen, zu schlachten und zu vernichten. Ich bin gekommen, damit sie [meine Schafe] das Leben haben und es in Fülle haben.«* (Johannes 10,8 und 10)

Ich liebe, was ich in Jesus sehe. Aber wie konnte ich in einer Bibel geschrieben von antiken Autoren, die sich allmählich von fremden Weltanschauungen zum Monotheismus der Sonntagsschulreligion vortasteten, erkennen, was Gottes authentische Offenbarung ist? Konnte Jesus mir auf diesen Seiten überhaupt etwas zeigen, das rein, ungetrübt und klar war und mir den Vater so zeigte, wie er wirklich ist?

Jesus sagte: »Schon so lange bin ich bei euch und du hast mich nicht erkannt. Wer mich gesehen h*at, hat den Vater gesehen. Wie kannst du sagen: Zeig uns den Vater?«* (Johannes 14,9)

Wo in der Bibel ist dieses Bild des Vaters also am stärksten ausgeprägt? Wo ist es besonders klar und am wenigsten durch die damalige Sichtweise der Autoren verzerrt?

Der Verfasser des Hebräerbriefs schrieb: »*Nachdem Gott vorzeiten vielfach und auf vielerlei Weise geredet hat zu den Vätern durch die Propheten, hat er zuletzt in diesen Tagen zu uns geredet durch den Sohn, den er eingesetzt hat zum Erben über alles, durch den er auch die Welten gemacht hat. Er ist der Abglanz seiner Herrlichkeit und das Ebenbild seines Wesens.*« (Hebräer 1,1-3a)

Nun sagte ich: »Und wer bin ich? Wie kann ich deine Schöpfung sein, der Sohn deines Vaters, wenn die Wahrheit ist, dass eine andere Spezies aus Fleisch und Blut an meiner Erschaffung beteiligt war.«

Jesus sagte: »*Was aus dem Fleisch geboren ist, das ist Fleisch; was aber aus dem Geist geboren ist, das ist Geist.*« (Johannes 3,6)

Wow! Das Johannesevangelium hielt wirklich die Antworten auf meine Fragen bereit! Und es blieb ruhig und gelassen, während ich meine Befragung fortsetzte.

»Was machen wir hier, wenn 90 Prozent unserer Gehirne deaktiviert sind? Und zu welchen Leistungen wären wir in der Lage, wenn wir lernen würden, unsere Programmierung gezielt selbst zu ändern, ohne vorher einen Autounfall erleiden oder ins Koma fallen zu müssen? Können wir unsere Gehirne einschalten? Jesus, du willst doch sicher nicht, dass wir weiterhin in diesem heruntergefahrenen Zustand neuronaler Sklaverei herumkrebsen, statt endlich zu entdecken, was wirklich in uns steckt?«

Jesus sagte: »*Wer an mich glaubt, der wird die Werke auch tun, die ich tue, und wird größere als diese tun.*« (Johannes 14,12)

Ich fragte mich immer noch, was Jesus gewusst hatte, als er auf Erden wandelte. Hatte er damals gewusst, was ich jetzt herauszufinden begann? Oder war er völlig in unser Menschsein eingetaucht, angefangen als Baby, völlig abhängig von seiner Mutter und seinem Vater, die ihn nährten und lehrten? War dieses Eintauchen so vollständig, dass ihm sein Wissen vom Heiligen Geist nach dem »Need-to-know-Prinzip« (nur so viel Wissen wie nötig) übermittelt wurde? Oder wusste Jesus vielleicht weitaus mehr, als er je sagte, und teilte uns nur das mit, was *wir* wissen mussten?

Mir kamen folgende Worte Jesu in den Sinn: *»Noch vieles habe ich euch zu sagen, aber ihr könnt es jetzt nicht tragen. Wenn aber jener kommt, der Geist der Wahrheit, wird er euch in der ganzen Wahrheit leiten … Er wird von dem, was mein ist, nehmen und es euch verkünden.«* (Johannes 16,12,13a,14b)

Ich lasse meinen Blick über meine Notizen schweifen, während ich beginne, die Papierstapel vom Boden der Hütte aufzusammeln – die Früchte monatelanger Arbeit. Dabei denke ich über die Auswirkungen meiner mythologischen Reisen nach.

Gott von den Aktivitäten anderer zu lösen, hat mir einen besseren Gott gezeigt, als ich ihn zuvor kannte. Ich möchte diese wahre Göttlichkeit umfassender und authentischer kennenlernen – ohne ihn durch die Brille der Angst und Unterwürfigkeit zu sehen, die uns von anderen und von Jahrhunderten der Religion einprogrammiert wurde.

Mein Universum ist gewachsen. Es ist geheimnisvoller, und es ist stärker bevölkert, als ich bisher gedacht hatte. Ich habe eine größere Familie als je zuvor und kann mich auf alles freuen, was die Technologie meiner weiteren Familie zu bieten hat. Wie gut wird es sein, die Welt mit Nullpunktenergie zu versorgen und unseren Planeten von unserer gefährlichen und teuren Versklavung durch Kernenergie und fossile Brennstoffe zu befreien!

Und wenn unsere galaktischen Nachbarn hierherkommen können, gibt es vermutlich Subraumtechnologien, die unsere eigene Beziehung zum Universum verändern können. Das ist eine aufregende Zukunft. Das alles bringt mich zurück zu der Frage des Psalmisten, als er zu den Sternen am Himmel blickte und fragte: *»Was ist der Mensch, dass du seiner gedenkst, und des Menschen Kind, dass du dich seiner annimmst?«*

Was sind wir Menschen? Wozu sind wir fähig?

Ich möchte wissen, wie unser Leben aussehen kann, wenn wir unsere Gehirne besser nutzen und alte Sklavenprogramme deaktivieren. Ich möchte wirklich alles entpacken und aktivieren, was Jesus uns geschenkt hat, um unsere uralten Muster von Untertanengeist und sklavischem Gehorsam aufzulösen. Ich möchte wissen, wie eine freie, geschwisterliche Gesellschaft im Geist der Liebe zu allen unseren Brüdern und Schwestern aussehen und sich anfühlen könnte.

Wenn ich mir auch nur einen Moment lang bewusst mache, dass Sie und ich auf einem wunderschönen blaugrünen Flecken Erde leben, der von einem zufällig daherkommenden Kometen oder einer Sonneneruption verwüstet und neu gestartet werden kann, dann möchte ich im Einklang mit dem Reich der Ewigkeit leben und mein Leben hier in vollen Zügen genießen, ohne Angst und bereit für den nächsten Schritt.

Nach Monaten des Streckens und Dehnens bin ich sehr froh, wieder kraftvoll gehen zu können – und nun nicht mehr der Disziplin unterworfen zu sein, bis zum nächsten Sonntagmorgen einen Punkt auf jedes *i* setzen und einen Querstrich durch jedes *t* ziehen zu müssen. Die Freude über diese Freiheit hat meinen Appetit geweckt.

Ich nehme meine Bibel und schlage das Johannesevangelium auf, Kapitel 10. *»Ich bin gekommen, damit sie das Leben haben und es in Fülle haben.«* Wenn Gott so ist, wie er in Jesus erscheint, dann gibt es Freude, Liebe, Kraft und Freiheit, die nur darauf warten, dass wir sie ergreifen und in einer Welt zum Ausdruck bringen, die von ganz und gar lebendig gewordenen Menschen bevölkert ist.

Ich stehe auf und teste mein Bein. Es fühlt sich gut und stark an. Sogar besser als vorher! Vielleicht bin ich schon bereit für eine weitere Runde Ultimate Frisbee! Und was noch wichtiger ist: Ich glaube, ich bin bereit für den nächsten Teil der Reise. Aber genau jetzt, in dieser Minute, steht meine Familie vor der Tür, das Auto ist abfahrbereit, und mein Redakteur schreibt mir eine SMS. Es ist Zeit für die Pressekonferenz!

Danksagung

Dass Sie dieses Buch in Händen halten, verdanken wir der Hilfe und Ermutigung durch zahlreiche Personen. Mein Dank gilt vor allem meiner Familie für ihre große Geduld, mit der sie das Schreiben dieses Buches unterstützte, sowie meinen Schriftstellerkolleginnen und -kollegen Michael Mann, Andrew James Wells, Krystina Kellingley, Dominic C. James, Brian Mountford, Mary Flatt, Stuart Davies, Beccy Conway, Nick Welch, Maria Barry und John Hunt – und auch George Noory, Regina Meredith, Sean Stone und Erich von Däniken, deren Arbeit und Ermutigung dazu beitrugen, dieses Buch Wirklichkeit werden zu lassen.

Herzlichen Dank!

Paul Anthony Wallis

ist ein internationaler Bestsellerautor, der in seinen Büchern die Weltmythologien und die Erzählungen unser Vorfahren auf ihre Erkenntnisse über den menschlichen Ursprung, das menschliche Potenzial und unseren Platz im Kosmos hin untersucht. Er veröffentlichte auch Bücher über christliche Mystik und Spiritualität und war als Kirchenarzt und theologischer Ausbilder tätig. Als Erzdiakon in der anglikanischen Kirche bildete er Pfarrer in der hermeneutischen Auslegung von Texten für Predigten aus. Er ist ein beliebter Redner auf Gipfeltreffen und Konferenzen in aller Welt.

Paul wuchs in England auf, studierte in Großbritannien, Italien und Brasilien und lebte zehn Jahre lang in Kanada, bevor er nach Australien zog, wo er jetzt mit seiner jungen Familie wohnt. Sein 2020 erschienenes Buch *Flucht aus Eden* wurde von dem amerikanischen Radiomoderator George Noory als *Erinnerungen an die Zukunft* dieser Generation gefeiert, was Paul auf die internationale Bühne brachte und ihn zum führenden Experten auf dem Gebiet des Paläokontakts machte. Exklusiv für die deutsche Ausgabe verfasste Erich von Däniken ein Vorwort. Es folgten das ebenfalls von Däniken empfohlene Buch *Die Narben von Eden* sowie *Die Echos von Eden*, die bei AMRA in Vorbereitung sind. Pauls Interviews und Dokumentarfilme auf dem Paul Wallis Channel und The 5th Kind TV werden von Millionen Menschen weltweit gesehen.

www.paulanthonywallis.com
www.youtube.com/c/The5thKind
www.youtube.com/paulwallis
www.5thkind.tv